一日一ページ読めば、生き方が変わる

だから"躾《しつけ》のある人"は美しい

齋藤　薫

JN099858

集英社文庫

一日一ページ読めば、生き方が変わる

だから〝躾のある人〟は美しい

目次

一日一ページ読めば、生き方が変わる

だから〝躾のある人〟は美しい

まえがき

マナー本には書いていない、躾の話。
あなたには躾があるか？

世の中には、数え切れないほどのマナー本が存在する。そしておそらく、マナー本を一冊も持っていないという人は、いないのではないだろうか。何となく、そばにないと不安だから。いざと言う時にないと困るから。マナーは、人が生きていく上で知っておかなければならない教えが詰まっている。人付き合いのための教則本に近いのかもしれない。

ただそうしたマナー本にはたぶん書かれてないけれど、人との関わりにおいて大切なことって、他にもたくさんある。

例えば、電車の中で〃お年寄りに席を譲る〃というのは一般常識として当然のこと、それをきちんとマナーとして取り上げているマナー本もあるのだろう。とは言え今の時代、年齢は充分に重ねていても自分を年寄りだと思っていない、ましてや年寄り扱いされたくない高齢者はたくさんいるはず。そこまでを見極めて、席を譲るかどうかを判断しなくてはいけないわけで、そこまでを気遣うことは、マナーではなく、やはりその場の空気が読めて、人の心が読めること。そこにマニュアル等と言うものはないから、明らかにとっさの判断で自分がすべきことを決めるセンスとバランス感覚が要求される。

そういうことをまとめて何と呼べばいいのか。良識といってもいいけれど、文字通りそういうものは、マナー本に載っているわけではない、覚えるものでも、知っておくものでもない、何か体に染みついたもの、だからこそそれを〃躾《しつけ》があること〃と捉えてみたのだ。

その人は自分を年寄りだと思っているか、席を譲ってもらって嬉《うれ》しいのか腹立たしいのか、そこまでを推し量ることは、ある種の人生経験を踏まなければ読み切れないのだろう。しかし、そうした価値観を持つ親に育てられた子供は、きっと十代のうちからそういうものを読み切ろうとする能力を、体に染み込ませているはず。それが躾のある人なのである。

こんな場面に出くわしたことがある。ある食事のテーブル。ワインが少量注《つ》がれたのは、その日の主催者とも言える年配の男性のグラス。しかしその人は、ホストテイスティングというものを知らなかったようで、なかなか試飲が始まらない。気まずい空気が流れようとしていた時、ある男性が「僕に試飲させてくださいよ。この辺りのワインにはちょっとうるさいんで」と、すかさずそのグラスを手に取ったのだ。

気づいている人は、ほっと胸をなで下ろした。その年配の男性に恥をかかせることなく、またその場の空気を凍らせることもなく、自然に談笑に戻っていけたのは、彼の機転のおかげ。なんと躾がある人なのだろうと思ったもの。

マナーは知ってるけれど、同じマナーを知らない人がいたら、それを〝したり顔〟で教えてあげるのではなく、そのマナーから相手を救ったり、とっさに自分も知らないふりをする……それは、もうマナーというより、躾があるということに他ならないのではないだろうか。

まさしくルールのないルール、それだけに形にしていくのは難しい。法則にするのはなおのこと難しい。マナーのように体系化することができないからこそ、こんな場面、こんなケースと、いわばこまごまと様々なサンプルを挙げていくしかなかった。そうやって小さな躾の話を積み重ねていったのが、この一冊なのだ。

その多くが、自分の周りにいる、躾のある人々から学んだもの。親から受け継いだもの、あるいは人付き合いの中で、いつの間にか身についたものもあるのだろう。それらに共通するのは、人を心地よくすること。

もちろんマナーも、本来は周りの人を不快にさせないためのものである。そのマナーを知っていることで人より優位に立つのではなく、知っていることで周囲の人を心地よくさせるのがマナー。

でも、躾はもっともっとさり気なく、周囲の人をさらにふわっと幸せにする。それが躾ある人の言動であり、生き方なのである。

それこそ一日一ページ、一日一本で良い。こんなところにも躾、こんなところにも躾と、日常生活の様々な場面で垣間見ることができる躾ある人の素晴らしさ。それを知ることで、何となくでも物の見方、生き方が変わってくるような感覚があったら嬉しい。

そしてやがては、〝自分自身の躾〟として、それらを一人一人が自らの精神や体の中にも、しっかりと溶け込ませ、根付かせていることに気づいてもらえたら嬉しい。

第一章

〝装い〟の躾

躾は、顔に出る

だから〝躾のある人〟は、顔も美しい

就職試験の面接官は、決まってこう言う。「結局、顔。顔を見れば、人間だいたいわかります」

人間の何が、どこにどのように出るのか、明確な答えはない。でも、大きな意味での人間の質が、目の形とか口の形とか、それらが作り出すちょっとした表情に、まるでメイクのように貼り付いているのは間違いないのだ。それに加えて実際のメイクの印象も、その奥に見える人間性をさらになぞるように強調する。

その結果、何がどう見えるのか？　結論から言えば、〝躾のある人〟の顔は、女も男もだいたい決まって美しい。

不思議なことに、よく見るといわゆる美形ではなくても、第一印象は明らかに美しく見える。目鼻立ちには良識や人間的なセンスが、そのまま形になって現れるからなのだろう。いや、良識や人間性は目鼻立ちをも軽く整えてしまうのだ。まさに〝人相〟をよく見せるのである。

顔の美しさは、バランスの良《よ》し悪《あ》しで決まる。一方、人間性も結局のところ〝対人関係〟におけるバランスの良し悪しで決まる。つまり、顔立ちにもそういう他人への気づかいの有無が出てきてしまっているのではないか。

顔立ちのレイアウトは言わば、いつも人目にさらされている心のレイアウト。だから逆に、非常識な人は顔のどこかが必ず歪《ゆが》んでいる。そう考えていいのである。

海外に初めて行った時、いちばん驚き、そしてショックだったのは、街ですれ違う時に目が合った少女たちが、こちらに向かってみんな一様にちょっと微笑《ほほえ》むことだった。目が合ったアカの他人に微笑むなんて、まったく考えられなかった自分にとって、その少女たちはすでに立派な〝躾のある女〟だった。何より彼女たちの笑顔の美しいこと!!　体の中に躾があると、こんなにも美しい顔ができあがるのだと、そこに目を見張ったのだ。

躾とは、マナーじゃない。もっともっとピュアで打算のない、人の正しさ。人が正しければ、顔も正しい。躾はまず、そっくり顔に出るのである。

野暮の罪

服がへんな人を、もう信用しない

昔は、ファッションはファッション、人間性は人間性で、この二つが関わりを持つことはなかったと思う。あったとしても、野暮ったい人のほうが人としてむしろ悪意がなさそう……みたいな見方のみ。

でも、事情はハッキリ変わった。日本は、〝豊かさ〟の多くが〝お洒落《しゃれ》〟に使われる国。基本的に情報過多の国。普通に生きていれば、放っておいてもお洒落になっていってしまう国。

そんな国のこんな時代に生きていても尚《なお》、お洒落に無頓着で、どこか野暮ったい人は、多かれ少なかれ世間に背を向けていると言わざるをえない。人との関わりを軽視していると言わざるをえない。〝自分がどう見えてもいい〟という姿勢は、一見誰にも迷惑をかけていないように見えるが、たとえば誰かに食事に招かれた時、お洒落のかけらもなく指定の店に出かけていくことは、どう考えても人に迷惑をかけている。

しかし、服のセンスはある部分、持って生まれた能力。センスがないのを責めたりすることはできないが、自分にセンスがないことに気づかないのも、気づいているのに努力もせずに放っておくのも、今は立派に〝新しい非常識〟と考えてよく、そういう人は会話でも何となく、人と話がうまくかみ合わないはずなのだ。

つまり、服がへんな人は、今や人もへんん。人間的センスと生きる意欲の両方があれば、お洒落なしではすまないし、周囲の人を多少とも心地よくさせようと思えば、最低限のお洒落なしにはすまされない。

お洒落しない人は、人への気配りもない人。だから、もう信用しない。

ヒールの太さ

女のステージを決定するのは、ヒールの高さと直径である

〃自分らしさ〃って一体何なんだろう。いちばん自分があるべき姿、いかにも自分っぽいあり方……。そういう〃自分らしさ〃の肝は、女の場合たぶん〃靴のヒール〃なのだろう。

いちばん自分らしいヒールの高さは何センチで、また直径は何センチか？　それにはほとんどの女性が、スラスラと答えられる。七センチヒールなんて、三年に一回くらいしか履かない人……。逆に高いヒールでないと、自分が可愛《かわい》く見えないんじゃないかと不安な人。ヒールの高さと太さは、女の生き方そのもの。そして何より、有無も言わさず周囲から見たその人のイメージを決定づけてしまうのが、ヒールの高さではないかと思うのだ。

つまり、ヒールがない靴を履いていれば活発で色気に欠け、細く高いヒールを履いていれば、女っぽくてかよわいタイプ、という具合。言いかえれば、女は知

らないうちに、ヒールによって歩く道を限定されているのである。

少なくとも高く細いヒールを履く女は〝いつも男に支えられながら歩いていたい〟と思っているはずだ。現実問題として、高く細いヒールは安定感がなく、危うげで、疲れやすい。基本的には男の腕にぶら下がり、車で送り迎えされるための靴と考えていい。

とすれば、それを三年に一回くらいしか履かない女は、必然的にいつもひとりでザクザク歩き、送り迎えもいらない。ひとりで力強く生きてしまっていることになる。だからせめて月に数回は、高さ七センチ以上、直径一センチ以下のヒールを履いてほしい。ひとりで歩くのがいかにしんどいかわかるから。もしハイヒールはまったく〝自分らしく〟ないと考えているなら、その決めつけ、ちょっとあらためてほしい。

ちなみに高いヒールで美しく歩くことは、昔からレディの躾の大切なプログラムだった。少なくともヒールは女に対し、生き方を指南する。ゴム底のヒールなしの靴は山道を、キャシャなヒールの靴は、じゅうたんの上を歩きなさい、と。

運命が先か、靴のヒールが先か、女の人生において、ハッキリ言ってどちらが先かわからない。だからこそもう一度見直してみてほしい。自分らしいヒールの形は、本当に自分らしいのか、それでいいのかを……。

パールのネックレス

真珠は、その人の躾の有無を明らかにする

いつもは、トレンドの匂いのする服を上手に着ている人が、ある日突然、ツインニットかなにかにポンとパールのネックレスなどしている……これはきわめて効果的な演出であるという話をしたい。

パールは少なくとも今、〝トレンド〟ではない。いやもう完全な〝定番〟で、いつつけてもあまり浮かない代わりに、いつつけても誰もそれほど感心しない。でもだからぼんやりとつけてしまうと、マダム世代じゃない限り、老けて見える可能性は大だ。

ところが、ごくたまに、きわめて効果的にパールを使う人がいる。お葬式でも結婚式でもなく、何ら特別じゃない日に、まさしく不意にパールをつける。それが見事に利いている人がいるのである。

まずその条件としては、日頃から趣味の良さを印象づけている人であること。

その人がセンスの延長線上でポンとつけたパールのネックレスは、その人の体の中に、一本すっと通っているスジみたいなものを感じさせる。それは、どんなに自己主張しても、どんなに派手な装いに挑んでも、どんなに男みたいにふるまっても、決して一線を越えない、〝その一線〟が一本白くハッキリと浮かび上がっているような印象と言ってもいい。言いかえれば、体の中で人としての躾が息づいている証《あかし》のようでもある。それが無意識にポロリと出てしまうようなパールのつけ方ができる人は、だから周囲をハッとさせるのだ。

ちなみに、パールに宿る清潔感や透明感の力を借りて、そういう女を装おうとしてつけたパールは、なぜか不思議に野暮ったい。あくまでも体の中に潜む淑女の躾が、うっかり出てしまうようなパールでないと、そもそもカッコよくは見えないのである。

つまり、パールとは、その躾の有無を測るリトマス試験紙。そういう意味で、あなたは無意識にパールのネックレスに手が伸びること、あるだろうか？　そして、あなたがつけたパールは、ちゃんとカッコいいだろうか？　そうそう、〝躾ある女〟がつけないとなぜかパール特有のあの光沢も、あまり浮き上がってこない。真珠って、本当に不思議だ。

白いシャツの枚数

白いシャツは完成された女を作る〝養成ギプス〟だ

たとえば、ハンカチは白しか持たないという人がいる。スワトウの一枚一万円のものしか持たないのという人がいて、理由を聞いたら「すぐ汚れてしまうし、すぐシワになってしまうから、わざと白の高級品にする。それを毎日一枚ずつ取りかえると、自分自身がすごく清潔でいられる気がするから」。

これはわかる。柄ものは、うっかりすると二日も三日も同じのを使っているから、自分がくすむ気がすることも。

白いシャツにはこれと同じ意味があるが、百八十度逆の意味もある。白いスワトウは、持っているだけで女の格がちょっと上がるが、白いシャツはただ着ていても、格は少しも上がらない。それどころか、白いシャツは、もともと地味で野暮、すぐにだらしなくなる服だったりもするのである。

まず、白いシャツは学生服の夏服などに見られるように、体に沿わないことが大前提。ましてあの固めのエリは、どう手なずけてもうなじに引っつかない。それを〝形状記憶的〟に美しく着るには、首から下が完ぺきに美しい体の形と、どの瞬間も乱れを直せる緊張感。で何よりも理想的な形に鏡も見ずに整えられる卓抜したセンスがないとダメ。ひとつでも欠けるとだらしない。

そして過去に見た百点満点の女性はたったの三人。三十万人とすれ違っているとして○・○○一パーセントの確率……。たぶん、本当に清潔で知的でセンスも抜群で、しかも白いシャツを地味にも野暮にもしない華と色気を過不足なくもっている女性、それが十万人に一人ということなのだ。

その一人であるアンティークショップを営む女性は五十代。今までに着た白いシャツは百枚ではきかないと言う。ビシッと伸びた背すじとピンと張った肌。体も顔も白いシャツによく映える。白いシャツを着続けることでそれを作ったのだろう。

「ゆるみのない暮らし……」。私は白いシャツが似合う唯一の条件をそこに見つけた。白いシャツを着続けるのは苦しい。でもその結果、人にも暮らしにもゆるみがなくなって、とても自然に清潔感や知性や必要な色気が生まれてくる。

つまり、白いシャツは完成された女を作る〝養成ギプス〟。数枚でへこたれてしまう人は、その精神から鍛え直さないといけないのである。

おバッグ

人よりエライ〝物〟はない

一流ブランドものばかりを扱うお店。お店のスタッフも、なぜだか一流ブランド顔。ショーケースの中のバッグを動かす動作がいやに仰々しい。それ自体は別にかまわないのだ。でも、女性二人組のお客が「あのバッグを見せてください」と頼んだ時。そのスタッフはいきなりスタッフがはめる白い布手袋を差し出して、「ではこれをはめてください」と言ったのである。これには驚いた。お客の女性たちは「私たちがこれをはめるの？」とあぜんとしている。「はい、申し訳ございません」。そして、国宝の壺《つぼ》でも扱うようにバッグを取り出したのである。

女性二人組は小声でこう言った。「人間よりも、バッグのほうがエライわけね」そんなわけはないのだ。でもその店では、明らかにそういう指導をしていたはずで、スタッフはブランドものの前で緊張し、人間よりもバッグを大切にした。

私はそそくさとその店を出た。しかし、人よりエライ〝物〟なんてあるのかという、妙な疑問にしばらくの間とらわれてしまったのである。

「人が見た目にエレガントであるかどうか、それはあらゆる〝物〟をいつくしむ心があるかどうかで決まる。そして精神的にエレガントであるかどうか、それは周囲のあらゆる〝人〟をいつくしむ心があるかどうかで決まる」

これは、学生時代にみんなで受けた〝テーブルマナー〟の講座で、マナーの先生が言った言葉だった。外側と内側のエレガンスがあって、それぞれが物と人をいつくしむ心から生まれるという話の説得力が、その時不意に甦《よみがえ》ったのだ。

しかし不思議なのは、高価なものを高価だからと、やたら大切に扱っている姿には、エレガントさを感じないことだ。たぶん、人との関わりとまったく同じ、エライ人とそうでない人とを見分けてはいけないのと同様、エライ物とそうでない物を見分けた瞬間、人はどんなに物をいつくしんでも、エレガントに見えない。かえって貧しく見えてしまうのである。

今更〝ブランドものとの付き合い方〟でもないが、〝人よりエライ物体〟に出合って、そんなことを思ったわけである。

復活、化粧直し

くずれていなくても女は化粧直しに立つべきである

「アレ、行かなくてもいいの？」。食事をしたあと、連れの男性にこう聞かれ、一瞬戸惑うが、腰が重くてどうしても席を立てず「うん、いいの」と答えながらも、私はこれでいいのか？　と少し考え込んでしまったことがある。

何の話かと言えば、以前はぜったい欠かさなかった〝食事のあとの化粧直し〟。食後のコーヒーを二口三口飲んだあたりで「ちょっとごめんなさい」とそわそわしはじめ、化粧直しに席を立つあの習慣を、男たちはちゃんと心得ていた。なのに女たちがあんまり行かなくなったものだから、ついつい、「行かないの？」と聞いてしまう。でも、それこそ今の化粧品は飛躍的に〝モチ〟がよくなり、別にあわてて直さなくても……だからこそ、女たちは「いいの」と言う。やがては、その便利さにすっかり慣れてしまって、どんどん腰が重くなり、行かなきゃと思っても、もうお尻に根が生えてしまって行けなくなる……その図々《ずうずう》しさをマズイと思ったのである。

確かに今どきは、一回の食事でスッピンになってしまうなんてことはなく〝もう一軒〟そのままの顔で行っても許されるくらいには残ってくれる。でも、やっぱり化粧直しは必要なのだ。

ある女性が「日中一度も鏡を見ない日はザラ。本当に便利になった」とコメントしていたことを思い出す。日中一度も鏡を見ないことが、どうして便利なのだろう？　義務的にでも自分を見るチャンスを失うのは、きわめて不便ではないか。〝ひょっとして化粧がくずれているかもしれない〟という不安は、自《おの》ずと女を謙虚にしたし、〝身を正す〟ことを義務にした。しかし鏡を見ることで不安を消し、自分を正しているという自信を、その都度、生んできたのだ。それは女を正す儀式みたいなもの。

気づいていなかったかもしれないが、化粧直しを終えて化粧室から出てきた女の背すじは、化粧直し前より数センチまっすぐ上に伸びているらしい。言わば化粧直しが女を毅然《きぜん》とさせたり、しゃんとさせたりするわけなのだ。

男に「行かないでいいの？」とまで言わせても尚、席を立たない女の背中はだらしなくまるまる、そういうことなのかもしれない。

眉間のシワ

客観性のない女ほど、眉間にシワがよる

離婚訴訟を起こす女性の顔には、だいたい年齢よりも多くの小ジワが刻まれ、特に眉間のシワが目立つといわれる。

年齢よりも多い小ジワは、明らかにカサカサした生活がもたらすもの。しかし眉間のシワはいわゆる表情ジワ、極端に難しい顔を数週間続ければ、若くてもシワはよる。〝不幸ジワ〟と呼ばれるゆえんだが、決着がつき、新しい日常がもどってくると、まず最初に消えていくのも、眉間のシワだという。

しかめ面をしなくなるから？　それも大きいが、離婚を経て、新しい人生へ向けて再スタートを切ろうとする時、単純に人は遠くを見ながら希望を胸に抱くはずで、これが深い眉間のシワをもすっきりのばしてくれるのだ、という説も。

遠くを見ると眉間のシワがのびる？　そう。つまり眉間にシワをつくっているのは近視眼的なモノの見方、〝視野の狭さ〟じゃないかと思うわけである。

近視の人がメガネをかけずにモノを見れば、自ずと眉間にシワがよる。同様に目をモノに近づけて見ようとすると、自ずと眉間にシワがよる。しかめ面をしていなくても眉間のシワはできるのだ。

確かに離婚を考える女は、不実な夫の言動をまさに近視眼的に見つめて、客観性を失っていたはず。「そういえば三年前のクリスマスイヴ、夫は夜中の二時までどこにいたか？」なんてことに集中してしまう。しかしその人がやがて三年後のことをイメージして新しい夢を抱けば、必然的に遠くを見ることになり、眉間ジワは自然にのびていく。遠くを見ることは希望をもつこと、夢をもつこと、だから、眉間ジワはあとかたもなく消えるのである。

不機嫌じゃないのに眉間のシワがある人は、モノを近くで見すぎていないか？　そして希望を失っていないだろうか？　終わったこと、目先のことに執着するんじゃなく、ちょっと先を見て、希望をもつこと。精神はそのまんま顔に出る。表情でもそれはごまかせない。特に眉間のあたりにそっくり出ること、忘れずに。

第二章

〝言葉〟の躾

「ごめんなさい」

「ごめんなさい」は言い慣れないと言えない

どんな小さなことにも「ありがとう」の言葉を添える女性は、言うまでもなく素敵である。

一緒に食事をすれば、割り勘でも別れる時に必ず「ありがとう」、電話で他愛《たわい》もないおしゃべりをした最後にも必ず「ありがとう」と言う人がいて、その思いがけない「ありがとう」にはいつもハッとさせられる。一方で、サービス業の人のサービスにももれなく「ありがとう」を言える人がいる。たとえば映画館でチケットを黙ってもぎって半券を突き出す係員にまで「ありがとう」と言う人が。黙って渡された半券は、黙って受け取るもんだと思っていた自分が、恥ずかしくなったりもした。

しかし「ありがとう」は必要以上に言えるのに、「ごめんなさい」を言えない人が案外多いのは、なぜなのだろう。「ありがとう」をいっぱい言える女性が、かつてこう言ったのを思い出す。

「私は〝ありがとう〟は言えるけど、〝ごめんなさい〟がスムーズに言えない。親に叱られることがあんまりなかったからかも……」

昔、召使いがたくさんいるような貴族の娘は、人に何かしてもらうことに感謝の気持ちを持つことが最上級の〝道徳〟で、自分の非を認めることまでは習わなかった、なんて言われる。彼女は昔の貴族ではないけれど、親に「あなたはいい子ね、いい子ね」と言われ、いつも自分が正しいまま育っちゃった結果、「ごめんなさい」を覚えるチャンスに恵まれなかったのだ。

「ありがとう」も「ごめんなさい」も、言い慣れないとノドのあたりでつまって、最も口に出しにくい言葉となるらしい。その人が生きてきた環境の中に、その言葉を言わねばならない場面がどれだけあったか、それで大人になってスムーズに出るかどうかが決まる。ただ甘やかされると両方言えない。躾はちゃんとされてきても、甘やかされると「ありがとう」は言えるが、「ごめんなさい」がどうしても言えない人になるのだ。

さあ、自分の場合はどうだろう。一生言い続けたほうが幸せになれる二つの言葉。自分はそれが言える人かどうか、今あらためて見つめ直してみてほしい。

「心から……」

口に出してこそ、心がこもる言葉を見つけた

「今日は心から楽しめました。ありがとう」

食事のあと、そう言われたことがある。一見ごくふつうの、別れ際のあいさつ。でも、実際に声として聞くとハッとさせられる。何気ないあいさつの中に、さり気なく組みこまれた『心から……』のワードが、いたく心に響いたのだ。

確かに『心から……』は、会話の中ではまず使わない。あくまで手紙的表現だ。会話にさり気なくすべりこませるには、ずい分と重い言葉で、よほど使いなれていないと、あいさつ文を読みあげているみたいになりがちだから。

そもそもが、この『心から』という言葉、「心からおわびいたします」「心から感謝します」といった謝罪や感謝の決まり文句で使われるのが主で、決まり文句の宿命として、言葉ほどは心がこもらない。『心から』という良い言葉も、案外心から使える場面は多くないのである。

ちなみに『心から』を辞書で引くと〝心の底から〟、あるいは〝まごころをこ

めて〟とある。それを耳で聞いた時の新鮮な響きは、この言葉がもつ意味をいちばん印象的に伝えてくれた気がした。

外国映画の〝字幕〟にはよく「心から愛してる……」という台詞《せりふ》が出てきて、これは本当に心からの言葉に聞こえるのに、日本の日常会話にはなぜこうも、心から使える言葉が少ないのだろうと思っていたが、この『心から』は日本でも使う気になれば使える、うまく使えば、ほんの一瞬で人の心を強く惹《ひ》きつける〝記憶〟に残る人になれるのにと思ったもの。

その「心から楽しめました」と言った人は、そういえば会話の中でこんな言葉を使って、やっぱり私をハッとさせた。「それは、痛いほどよくわかります」。〝痛いほど〟、それが何ともやさしく私の中に入ってきて、いつまでもリフレインするように耳の奥で響いていた。

私たちが日頃、心をこめずにぼんやりと決まり文句に使っている言葉には、口に出してこそ心がこもる言葉ってけっこう少なくないのかもしれない。それを、もう一度見直してみると、確実に格上の女になれる。心から、そう思う。

「私なんか」

「私なんか……」と言ってはいけない

「私なんか、バカだから」
「私なんか、ブスだから」
「私なんか、ぜんぜんダメだから」

そう口に出して言ったら、相手はこう言わなければならなくなる。
「決してそんなことはない。そんなことは思っちゃいけない」と。

そして、持ち上げて、引き上げて、自分たちと同じ線上に乗せなければならないという義務感を持ってしまうだろう。つまり自らをおとしめて、へりくだったつもりが、他人の手をわずらわせて、いつの間にかある種の主役になっていくのが、「私なんか……」という卑下なのだ。

一方まったく逆の意味で、海外旅行の話題で盛り上がっている時に「私なんか、子供の頃から夏休みはいっつも海外だったじゃない?」というような「私なんか……」は、だいたい全員を黙らせる。誰かのささやかな主張を、大きな自慢で黙らせて打ちのめし、へこませてしまうのがもうひとつの「私なんか……」。「ゆうべ十一時まで残業で、くたくた」と誰かが言った時に、「たいへんだったね」とは言わずに「私なんか、十二時までよ」と話を取ってしまう人には、たぶん生涯幸せはやってこない。人の話をきちんと受ける前に〝自分の場合〟を主張して、主役を強引に持っていくのは、とても低次元の〝自慢〟にうつり、堂々たる〝自慢話〟より、もっと人間が小《ち》っちゃく見えるからである。

どちらに転んでも「私なんか……」は、きわめて自己中心的な物言い。「私は、私は」になってはいけないとよく言われるが、もっと具体的な話をするなら「私なんか……」と言うのがいけない。このひと言さえ飲みこんでしまえば、卑下も自慢もない、きわめて清らかな存在に見えるはずなのに。

「お疲れさま」

「お疲れさま」はできるだけ長く言おう

ある乾杯の直後、「あのさ、何でもかんでも〝お疲れさま〞って言っちゃうの、やめない？」と誰かが言い出した。確かに、何でもかんでもソレですませてる。相手の労をねぎらい、お互いの労をねぎらいあうこの言葉、仕事をしていると、そう言っとけば間違いないから、いつの間にか口癖になってしまう。

日本人が何でも「どうも」ですますのは不思議だし、表現力がない証拠、とよく言われるけれど、この「どうも」にかわる英語がないのと同様、「お疲れさま」にかわる英語もないらしい。

向こうでは仕事が終わったあとだって、本当に〝出来〞が良かった場合だけ「グッジョブ（good job）!!」などと言って、肩をたたいてあげたりする。明らかにほめている。でも、それ以外は「バーイ」で終わり。一生懸命仕事をした人にも、どうしようもない怠け者にも、平等に「お疲れさま」と言ってあげる日本とは、平等のあり方も言葉への気持ちのこめ方も違うのだ。

学生時代、新聞社でアルバイトしていた時、ベテランの〝内勤〟の女性がいて、労のねぎらい方がその時々で絶妙に違うことに気がついたことがある。

基本は「お疲れさま」ではなく、「お帰りなさい」で、実際に忙しかった人には「今日は大変だったでしょう?」とか、「今日はずい分と疲れたでしょう」とお茶を差し出す。「お疲れさま」よりはるかに強く労をねぎらう言葉をかけた。「さぞかしお疲れでしょう」。この女性は〝家族の不幸〟で忌引きを取っていた社員には、出社した時、こう言ったように覚えている。いろんな意味の深いやさしさの入った〝お疲れさま〟だった。

会社員が一日に言う〝お疲れさま〟は二回や三回じゃないが、その一回一回にわずかな心をこめただけで、すべて違ったニュアンスになり、その分だけ相手はハッとし、その言葉も、その人の存在自体をも、心に深く刻みつけることになるのだろう。

ちなみに、その時私たちは乾杯をし直した。「じゃあね、みんな幸せになれますように」って。

「大丈夫？」

この世は「大丈夫？」と聞く人と聞かれる人の二者択一

〝気配り〟の代表的なものとして、何かにつけて「大丈夫？」と相手の様子を気づかう形がある。

「寒くない？」「暑くない？」から始まって、「おなかすいてない？」「疲れちゃってない？」「気分悪いんじゃない？」「終電乗り遅れない？」まで、一緒にいる人のコンディションに対し、状況に応じて注意を払う「大丈夫？」。

もちろんしつこくなれば、うとまれるが、一緒にいる人の存在をつねに意識している人は、逆に誰といても自分のことには関心がない。自分のコンディションにしか意識が向かない人とは、やっぱり月とスッポン、人としての評価は天と地ほどに分かれるだろう。

ところが逆に、いくつになっても「大丈夫？」と聞かれてばかりの人生を送ってしまう人も、世の中少なくない。やれ、あそこがイタイ、ここがイタイと、イタがってばかりの人に対し、周囲は「大丈夫？」と心配そうに顔をのぞきこむしかないし、いつも理由なく不機嫌な顔をしている人に対しても、周囲はとりあえず「大丈夫？」と聞いてしまう。気分が悪いのかもしれないし、自分が何か失礼なことをしたのかもしれないと思うから、戸惑いながらも「大丈夫？」と聞くしかないのである。

そもそもが、いつも基本的にわがままな人に対し、周囲は「それでいい？」「大丈夫？」「何か問題はない？」と事前の確認をおこたらない。いつもいつもまわりから「大丈夫？」「大丈夫？」と気をつかわれている人は、言うまでもないことだがもとを正せば自己中心だったり、お天気屋だったり。知らないうちにまわりを困らせているものなのである。

だからもしこの世の中に、「大丈夫？」と聞く人と、「大丈夫？」と聞かれる人の二種類しかいないなら、やっぱり何としても、聞くほうの人として生きていくべきだ。

「大丈夫？」を連発するのではなく、誰かと一緒にいる時は、相手のコンディションにも三十分に一度は注意を払う。それだけでいい。気配りにルールはない。ただ一緒にいる相手を意識するだけでいいのである。

「きちんと……」

「きちんと」の言葉にチクッとした痛みを感じたい

某社のオフィス、いつもは物静かで穏やかで、へタをすると後輩にナメられていそうな先輩社員が、ある日突然、大声でこう言ったのだという。「みんなもっときちんとしようよ、きちんと!!」

遅刻は多い、私語は多い、ミスも多いで、明らかに士気が低下していたその部では、会議で部長が事あるごとに小言を言っていたというが、それでもどこ吹く風の女性社員たちを、一瞬でピシッとさせたのが、この「きちんとしようよ」のひと言だったというのである。

その話を聞いた時、「きちんと!!」という一見曖昧で具体性のないこの言葉に、心の中のどこかのツボをピンと突く力が潜んでいることに気づくのだ。

それは日本の女が、何か大切なものを失っている自分自身を後ろめたく思っている、そういうツボ。そして〝大切なもの〟とは、当たりまえのことを当たりまえにやる、当たりまえのマジメさと当たりまえの正直さみたいなもの。

私語はつつしむようにとか、遅刻はしないようにとか、ちゃんとあいさつするようにとか、学校でさんざん言われてきたことを、今更ムシ返すのは大人げない。言われるほうも言うほうもそう思う。当たりまえすぎて恥ずかしいと。

そうこうするうちに、体の中から抜けていってしまった〝当たりまえのマジメさ、正直さ〟。それにみんな心のどこかで気づいていて、〝きちんとすること〟へのコンプレックスをもっているから、瞬間的に痛みが走るのではないだろうか。

最近は、メイクもお洒落も〝きちんと感〟がひとつのキーワードになっているが、それだって、単に見た目の問題だけじゃなく、あまりに乱れてしまったいろんな意味での女の言動、立ち居振る舞いを、形から正していこうとする、モノ言わぬ警告。啓蒙《けいもう》。

だから今は「きちんと」にチクッとした痛みを感じてほしい。幸い「きちんと」をやり直すことはいとも簡単。きちんとした女には、その場でもどれる。

だから、せいぜい一日何回か、「きちんとしよう」という言葉を頭の中で思い出す。それだけで子供の頃にさんざん鍛えた〝きちんとした自分〟が甦ってくるはずだから。

「どうも」

「どうも」は何の感情もない時の便利な言葉

外国人が日本に来て、いちばん戸惑うのが「どうも……」の使い方だそうである。

辞書をひくと、「どうもうまくいかない」というふうに否定形の前に使う副詞、でも「どうもおかしい」みたいに〝何となく〟の意味にも使われる、かと思うと「どうもありがとう」のように、〝本当に〟とか〝まことに〟という意味合いでも使われるのだからややこしい。

しかし、私たちが通常いちばんよく使う「どうも」は、これらとはまた違う、日常的なあいさつとしての「どうも」。かと言って単なる〝こんにちは〟ではない。「この前はどうも」というふうに、軽い感謝や謝罪の意味で使ったり、紹介された時「初めまして」の代わりに使ったり、たとえば葬式の時に「このたびはどうも……」というふうに、お悔やみの言葉をにごして言う時に使ったりと、とても便利ではある。でもだからこそ想《おも》いがこもらず、心が伝わらないとも言えるのじゃないか。

さすがにちょっと淋《さび》しい気がするのは、〝乾杯〟するのにみんなそろって「どうも」しか出てこない時。そういう時に「みんなの健康を祈って」みたいに、何でもいいから言葉にできる、感情と言葉の運動神経というものをもっていたいわけだが、ひょっとすると日本は、何でも「どうも」ですませてきたから、そういう運動神経が鈍い国になりつつあるのかもしれない。何でもかんでも「どうも」の人は、それこそ言葉を鍛えるか、さもなければちょっとしたあいさつにもいちいち気持ちをたっぷりこめるクセをつけて。

街なかで誰かとバッタリ会って、とっさに「どうも」しか言葉が出ず、立ち止まってみたものの、結局すれ違いざまもう一度「どうも」と言っただけで終わってしまった……そういう経験があるかもしれないが、それはお互い相手に対し何の関心も何の好意ももっていないから。

「どうも」はつまり、何の感情もない時、心がまったくこもらない時こそ重宝する言葉なのである。だから心があるなら「どうも」を必ず何か別の言葉に置きかえてみたい。「どうも」の数が減るほどに、あなたはたぶん素敵になる。

「さようなら」

〝さようなら〟は、ひとつ上の別れである

きわめて基本的な、あいさつのひとつなのに、じつはあんまり使われていないのが、この「さようなら」。お友達と会って別れる時は、「じゃあね」とか「またね」とか「バイバイ」と言ってしまうから「さようなら」は出てこない。

また一方、仕事の時も、「では失礼します」「ではよろしくお願いします」さもなければ「じゃあ、そういうことで……」。一体何が「そういうこと」なのかわからないが、ともかくそれが別れのあいさつになっている。

あなたは最近「さようなら」の言葉を使っただろうか？　最後に使ったのはいつだろう？　そこで「さようなら」にまつわるいくつかの法則に気がついた。

自分ではもう、ほとんど使わなくなっている「さようなら」をあらためて使う時、それは、もう二度と会わないかもしれない相手や、遠い外国に住んでいて、当分会えなくなる相手との別れの時。そういう場面では、確かに自分もしっかりとした「さようなら」を相手の目を見て言った記憶がある。

長い長い別れや、重い別れ、そしてまた永遠の別れ……人はそういう時のために、究極の別れの言葉である「さようなら」をとっておくのかもしれなかった。

こんなことも思い出した。以前通っていた茶道教室の先生は、私たちを送り出す時、いつも決まって「さようなら」と、ていねいに頭を下げた。その別れが何だかとても心地よくて、うっとりした気持ちで家路についたことを覚えている。そしてまた、私が訪ねるといつも家の外まで見送りに出て、こちらの姿が見えなくなるまで手をふりつづける伯母がいて、この人も「さようなら」を美しく言う人。

お茶の先生は言うまでもなく、〝一期一会〟という茶の湯の心を毎回のあいさつにこめているのだろうし、伯母は伯母で日頃から言葉のひとつひとつをとりわけていねいに言う人だから、日常的な別れさえ手軽には扱わない。ひとつひとつの別れをていねいに心に刻みつけようとしているに違いない。

だから特別な響きのある「さようなら」。ひとつひとつの出会いと別れを、今よりもっと大切に扱うようになった時、自然にそういう「さようなら」が、日常的に言える人になるのだろうか。

「プリーズ」

最低限このひと言だけで、人は正しくなれる

英語だと、プリーズプリーズ!!って、やたら連発できるのに、日本語になるとプリーズを言えない人が多いのは、なぜなのかという話が出た。

確かに日本には〝名詞〟や〝動詞〟のみで会話する家庭が、まだ多い。日本語は丁寧に言えばキリがない言葉だけに、気持ちがないとどんどん短くなって、最後には〝名詞〟だけになっていく。それを家で両親の会話に毎日聞かされて育てば、子供もプリーズのない人間になっていって当たりまえというわけだ。

逆にこんな親もいる。子供が「ジュース!」と言ったら、「ジュースが何なの?」と聞き、「飲みたいの」と答える子供に「それで、どうしてほしいの?」と聞き、「持ってきてほしいの」と答えたら「ふーん、それで?」。そうやって、子供が「ジュースを持ってきてください」と言うまで、いちいち粘るのだという。

この話を聞いた日、自分の家庭での会話にも、びっくりするほど〝名詞〟言葉や、〝単語一語〟言葉が多かったことに気づくのだ。

そして、友達同士の会話でも、若い頃は言葉の数をなるべく減らして会話すると、相手とすごく仲良しになれたみたいな〝錯覚〟があったことを思い出す。おそらく十代後半は会話で使う言葉の数がいちばん少ない時代。それが、何でもかんでも省略して短く言う、今の若者言葉を生んだのだろうが、ギリギリまで会話を短縮したら、今度は折り返して、どれだけ多くの言葉を使って言えるかに、もどっていくべきなのではないか？

すべてを長々引きのばすことはない。でも最低限〝プリーズ〟する時だけは長々言う。「悪いんだけど……」とか「お願いしてもいい？」とか、頭に何らかくっつけると、親しき仲でも照れずに言える。

ちなみにとっても不思議なことだが、プリーズを丁寧に言うと、その反動でふだん言わずに省略してしまう「ありがとう」が、反射的に出てきてしまう。確かに「ご飯！」と言って、「はい、どうぞ」とすっとご飯が出てきたら、「ありがとう」と、にこやかに返すのは難しい。ぞんざいにものを頼んでしまうと、素直にやわらかくお礼を言う心へ切りかえるのに、だいぶ時間がかかるのだ。会話っていうのは、だから出だしが肝心。最初の言葉を大切に言うだけで、あとは勝手に心がこもる。

世慣れ

人の中身を語るのは、最初も最後も発声である

〝世慣れ〟には、ハッキリ二種類ある。ひとつは、若いタレントなどに見られる〝耳年増《みみどしま》〟的に世間ズレしてしまっているケース。こういう世慣れは、若いうちは「生意気」とか「カン違い」とか、ロクなことを言われないが、逆にそうやって、若い頃からたたかれることで人間が強くなることだけは確か。

そしてもうひとつの〝世慣れ〟は、特別いいとこのお嬢などによく見られる、妙に〝世慣れした物言い〟ができてしまうケース。たとえば親の知人などに会うと、「父がいつもたいへんお世話になっておりまして。今度ぜひ私共のほうにもお遊びにいらしてくださいませ。ところで奥様もお変わりございません？」なんてことを、十代のうちからすらすら言えちゃったりする、〝ごあいさつ〟上の世慣れである。

そして敬語が流暢《りゅうちょう》に使えること以上に、発声や声の質が妙に世慣れているのも特徴。堂々たるあいさつがつねに要求される環境に育ったことに加え、〝良家〟

は代々〝良家〟だから、母親の物言いが口うつし的に代々継承されるのだ。

　じつはここで注目したいのが、世慣れした発声法。あいさつは、場数を踏むほど発音がクリアになって、声自体が強く明るく明快になる。自信に満ちた声になるのだ。人見知りで、交際ベタで世慣れしていない人の声は、いつも三ヵ月ぶりに声を出したような、何を言っても弱々しく暗く、かすれがちであるのと逆。

〝世慣れ〟は声をどんどん透き通らせ、遠くまでよく通るハリを育てるのである。

　二十歳そこそこで、目上の人に「奥様お変わりなく？」なんてことを言えちゃう世慣れはもちろんいらないと思う。でもできれば、どこへ出しても堂々としている声の質だけは養っておきたい。たとえば、新入社員が初めてオフィスにかかった電話を取った時、強く明るくクリアな声で社名が言えるだけで、この子は何か使えそうと、誰もが思う。声の世慣れは、何というか人間の幅広さや基本的な知性をイメージさせるからなのだ。


　そして二十代前半でほぼ固まると言われる〝オフィシャルな発声〟は、その後の人生をも大きく左右する。一方で、八十代でもまったく老化していない声を聞くと、さぞかしいいとこのおばあさまなんだろうなと思う。〝育ち〟や〝教養〟を物語るのは、人生において最初も最後も声なのである。

早口

人の評価は、しゃべるスピードでいくらでも広がる

〃知的セレブ〃のある女性は、テレビなどでコメントしている時は、いやに早口なのに、実際にお会いして話をすると、二倍もゆっくりした話し方になり、さらに一緒に食事をした時は、それが三倍になることに気づいた。まるで別々の三人と話をしている気になるほど。

おそらくこの人は、話すスピードを自在に変えることによって、その場その場で求められている自分をさまざまに演出しているのだろう。それに、その時その時に〃自分に与えられた時間〃を計算しているような気もする。

テレビのコメントなんて、ひとつの話題で与えられる一人のもち時間など、ほんの十数秒。それをわずかも無駄にせず、できるだけ多くのことを主張しようとするからの早口。

そして早口は、意外だけれどデキる女をそんなにエラそうに見せないテクニックなのも、この人はちゃんと知っている。知識がギュッとつまった知的な話は、

あまりゆったり堂々と話すと、何だか上からモノを言っているように聞こえる。それが早口でまくしたてると、ガチャガチャ落ちつきのない〝気のよさ〟みたいなものが逆に表現できて、都合がいいのである。

で、仕事の打ち合わせで二倍ゆっくり話すのは、一方的な主張ではなく、あくまでコミュニケーションだから。相手の意見を引き出すため。あるいは、こちらの話すスピードに合わせているのかもしれない。

それがまた食事になると、時間制限がないことと、相手をリラックスさせるため、そして自分が主張をまくしたてるだけの女じゃないことをアピールするように、心地よいスローテンポになる。ちなみに、頭のいい人は与えられた時間の中に自分の言うべきことをぴったりふり分ける、そういう計算能力が具《そな》わっているらしい。

ともかくこの人は、話すスピードのコントロールだけで、いくつもの印象を使い分け、いくつもの才能があることを知らしめ、そしていくつもの仕事をまったくスマートにやり分ける。

人の魅力は〝話し方〟で決まると常々思っていたが、人への評価は、話すスピードでいくらでも広がっていく、それを思い知ったものである。

声のハリ

声のハリは、ヤル気も自信も気配りもある証だ

〝最近、日本人の声にハリがなくなっている〟という記事を見つけた。くぐもった低く暗い声質が主に若い層に広がりつつあるらしい。

言われてみれば、確かにそう。何だかみんな、ボソボソ力のない、ヤル気もない、不機嫌な声で話している。もっと言えば、自信もない、希望もない、相手に対する気配りもない、そして自分自身が好きでない、幸せでもない、生きていたくもないような声……。

そう、ハリのない声はそういうふうに、すべてを〝ないないづくし〟に見せてしまうのである。すべてに否定的な、できれば知り合いたくない、関わりたくない人間の印象を与えてしまうのである。

しかもだ、そういう最低の印象を与えるのに、人間は何分も必要としない。たった一秒で、充分に最低の人間に見えてしまう。だって、「もしもし」も「おはよう」も「こんにちは」も、言うためにかかる時間はほんの一秒、そのたったひ

と言が、ハリのない低いトーンの声で発せられたらその瞬間、もう評価は決まってしまうのだ。だから声はコワイのである。

逆を言えば、声さえきちんと出しておけば、ヤル気も自信も希望も愛もある、幸せで生きる意欲充分の〝すばらしい人間〟に見えてしまうということで、たった一秒間でそういうベストの印象を与えてくれるなら、それ以上に得なこともないわけだ。

声のハリ。それはとりあえずおなかに力を入れないと出ない。で、そのためには姿勢が良くないとダメだし、気概や意欲がないとダメ。やっぱりある程度元気で、何よりもある程度幸せでなければならない。そして大前提として広い意味での他人への配慮がないと、不思議に声にハリは出ない。それがないなら、せいぜい〝姿勢〟だけでも正して、声を装ってほしい。装ってもいいから、力ある声を出そう。声はそこまで大事。何しろ一秒で人間の質を決めてしまうのだから。

それにしても、日本人はなぜ声に力がなくなってしまったのだろう。国レベルでヤル気を失っているのか、それとも生体的に〝生命力〟を低下させているのか。それはそれで心配だ。

小声

意外ないやし、〝小声の女〟の声のチカラ

ちょっと目を惹くお洒落な店の〝女性スタッフ〟のステキ度が、何かここ数年で、また一気にレベルアップした気がする。かつてそういう店にいたはずの、タカビーなお姉さまは減り、知的でキレイで感じのいい、そしていろんな意味でセンスのいい女性が本当に増えたのだ。

しかし、ある時たまたまそういう店で一緒に買いものをしたり、ごはんを食べたりした母がぽつりとこう言った。「みなさんステキだけれど、よく聞こえない……」。そう、ステキな女性は今みんな、〝小声〟なのである。確かに、そういう女性がとても丁寧にお料理の説明をしてくれても、じつは半分くらい聞こえなかったりする。

けれど聞こえなくてイラつく人はいない。むしろ聞こえないなら聞こえないなりに、何か聞いていて心地よい。もっと言えば、小声だからこそ、ゆったり食事ができたり、安心して買いものができる気もする。いやそれどころか、店を出た

あと、何となく体がほんわかしているのは、ひょっとして小声の余韻なんじゃないか？

さて、心地よい小声の象徴と言えば、失礼ながらやはり上皇后美智子《みちこ》様。あの息が混じったような〝お声〟には、品格や優雅さはもちろん、寛大さや〝慈悲深さ〟みたいなものがたっぷりと入っている。

みんなまさか、このやんごとなき発声をお手本にしたわけではないのだろうが、その人たちの声はまさに息が混じったようなファルセット系の美しき小声。だから詳しいことがたとえ聞こえなくても、手厚いサービスを受けているような包容力を感じられるのである。

逆を言えば、こういう店でよく通る声で高らかにカキカキしゃべられると、あんまりくつろげないのは確か。小声こそ、〝優れたおもてなし〟の最たるものなのかもしれない。一方で、ハリのあるクリアな声が、知性や品格を語るのは確かだが、時と場合によっては、小声が心地いい。小声の包容力は、私たちが考える以上の威力をもつものなのかもしれない。〝小声の女〟、恐るべし。

言葉の後悔

怒りは口に出すとスッキリする、なんてウソ

後悔、先に立たず……そう、すべての後悔は、後でいくら悔いても、もう取り返しがつかない。だから前もって、後悔しやすいことって何なのか、どうしたら後悔を避けられるのかを考えた。

たとえばここで、今週の自分をふり返り、後悔すべきことがあったかどうかを考えてみる。あそこで見かけたあのバッグ、やっぱり買っておけばよかった的な後悔もあるのだろうが、それ以上にまず〝言葉〟の後悔を思い浮かべる人は少なくないはずだ。

同僚に対して攻撃的に言ったあの言葉、言わなきゃよかったとか、夫や恋人に対して放ってしまった悪態、よしとけばよかったとか、心から悔やまれるのは、自分の不用意な発言だったりするのではないだろうか。

言葉はいとも簡単に口を突いて出てしまうもの、そのわりに一度口に出すと、いつまでもしつこく消えない。頭の中にきっちり残っていて、何かにつけて大き

くふくらむ。相手も自分の発言に傷ついていたりするのだろうなどと思えば、なおさら脳裏にこびりついて離れない。

逆を言えば、とってもうれしいほめ言葉をバカみたいに長い間覚えていたりするように、言葉は、とりわけ記憶に残りやすい。消しても消しても浮かびあがってくる。だから〝言わなきゃよかった言葉〟は、自分を必要以上に苦しめるのである。

ともかく〝口に出すとスッキリする〟なんて言うけれど、あれはウソ。確かに口に出した瞬間は爽快な気分になるのだろう。頭に上っていた血がすっと引くような、そういう快感があるはずだ。でも、頭が冷えてくれば、それが一時的な快感だったことに気づくだろう。

言葉は印刷された文字と一緒。ぜったいに消えない。あとから必ず甦ってきて、自分を苦しめる。言葉の後悔ほど苦しいものはないということを、悪態をつきそうになったその瞬間、思い出してほしいのだ。

行動の後悔のほうがむしろやり直しがきく。言葉は自分の中にも相手の中にも印刷文字でしっかりとすりこまれていくこと、いつもいつも肝に銘じていてほしい。

失言

失言にもごめんなさいですむ失言、すまない失言がある

政治家が失言して謝る姿を、私たちはさんざん見てきたが、ほとんどの場合、謝ってすんでしまった。

でも、末端の一般社会は逆にそんなに甘くない。大きな失言をすれば、まさに命取り。同僚の信頼を失い、友達を失い、時には恋人を失うこともある。心ある人間関係においては、「ごめんなさい」ではすまない失言があるってことなのだ。

失言の意味は、そもそもが「言ってはいけないことを不注意で言ってしまうこと」。

それでも口を突いて出てしまうのは、それが〝本音の本音〟だから。不注意で出てしまっただけで、間違えてしまったのではない。本音の本音だから、たとえあとで謝ったところで、その謝罪は本心ではないでしょうと思われてしまうようなこと。

だからこそ致命的にもなるし、見事なNGワードとなってしまうこともあるの

だ。

　じゃあ、たった一言で人間関係を壊す失言とは例えばどんな言葉なのか？　あるカップルの話……。女が男に「バカ」と言った。男はその一言で、女を許せず、離れていってしまう。

「バカ」という言葉そのものは、失言というより、礼を欠いたという意味では〝暴言〟。だから「バカとは何だ！」と口論の引き金になるケースのほうが多いが、その男にとって「バカ」はいかに親しき仲でもぜったいに言ってはいけない言葉と定義されていた。だからこの女とは生きていけないと判断が飛躍したのだろう。「ごめんなさい」ですまない失言とは、この「バカ」のように、きわめて身近な日常会話の中にうっかりちりばめられたりする。しかも、デブ、ハゲ、ブス……みたいに、単純で幼稚な単語ほど、失言として重大なものになりやすいこと、覚えておきたい。

　意見になっている失言には、どこかしらに真実がある。しかし「バカ」には、真実を問われるより前に、それを発する人格そのものにNGを出されてしまうのだ。だから本人にはその自覚がない、言ってみれば他愛のない、身近な人への短い失言ほど、じつは充分気をつけるべきなのである。

謝らない人

世の中は、より見事に謝ったほうの勝ちである

言葉は、言うも言わないも習慣化するもの。朝、家族に「おはよう」を言わない人は、三百六十五日言わない。すると一生言わない。そのくらい習慣が無意識になってしまうものだからこそ、コワイのだ。でも「おはよう」などはまだいい。ぜったいに身につけちゃいけないのは、謝らない習慣……。

じゃあ謝らない人は〝なぜ謝らなくなったのか？〟と言えば、もちろん〝自分はいつも悪くない〟と思うから。けれど、それに対し謝りなさいよという人はいない。自分だけ謝らないことの不条理に気づかないから、もっともっと人のせいにするようになる。それが長い年月をかけて〝唯我独尊〟な人間を育ててしまうのだ。

当然のことながら、〝謝らない人〟は嫌われる。〝何となく腹のたつ人〟というふうに。仕事場では、上司に嫌われ、先輩に疎まれ、友達もできにくい。しかし〝悪いのは自分ではない〟という信念みたいなものがあるから、あんまり孤独に

なったり気弱になったりはしないのが特徴。

で、こういう人と単に体がぶつかったり、また意見がぶつかったりした人は、自分のほうはとっさに「ごめんなさい」と言ってしまうのに、相手からは「ごめんなさい」が返ってこないから、とても損した気がするだろう。

でも〝謝る人〟は、こう考えてみよう。自分の口から出た謝罪には、いろんなストレスが溶けこんでいる。日頃心の中にたまる不安や小さな罪の意識、自己嫌悪、他人へのイラだちが、本当に不思議なことに、人に謝ることですっと消えていったりする。謝罪には明らかに浄化作用があるのだ。

だから、誰かとモメたら、必ず自分のほうから謝ろう。先を越されたらダメ。すれ違いざま、肩がぶつかった時もよりていねいに愛想よく謝っておこう。あとになってそのほうがはるかに後味がよくなることに気づくだろう。相手により見事に謝られたら、負けたと思う、それが人との関わりにおける謝罪効果なのである。

謝らない人は、その快感や喜びが、一生わからないから悲しいのだ。謝っちゃうって、じつはとても気持ちがいいことなのに、とても清々《すがすが》しいことなのに。自分自身の心を洗うことに他ならないのに。

心地よい形容詞の力

言葉にした「うれしい」は人を心地よくさせる

年賀状を見ていた。中の一枚が妙に心にまとわりつく。あいさつの言葉はごくごくふつう。でもその中にたったひとつ、変わったことがあった。『今年が○○さんにとって、いい年になりますように。心から心から願っております』〝心から心から〟と言葉が重なっていたのだ。たったそれだけ？　そうたったそれだけのことが、私を妙にうれしくさせ、気持ちよくさせたのである。〝心から〟という言葉はたぶん、一度だけだと、むしろ社交辞令的な匂いが強くなったかもしれない。でも、二度重ねられた〝心から〟は、たっぷりと心に届いた。

季節のあいさつの中で〝心〟を伝えるのは難しいこと。だから重ためな言葉を尽くすより、ダイレクトに〝心〟を二度使う単純さのほうが、気持ちがいいのだ。

ここで思うのは、〝心〟を表現する単純な言葉が、今あまり聞かれないこと。会話の中で〝ココロ〟という言葉を使うのは気恥ずかしい。そうではなくて、心で思ったこと、つまり感情を伝える言葉が、日常会話の中から、日々減っていることに気づいたわけだ。

そう言えば、ある人と会話をしていて、ふわーっと気持ちよくなっていく自分に気づいたことがあり、その場で理由を考えた。そして、彼女の会話には、〝形容詞〟がとても多いことを知るのである。「うれしい」「楽しい」「おいしい」「きれい」「すごい」「うまい」「待ち遠しい」……ともかくそういった、心を形容する言葉が会話の中に、たくさんちりばめられていた。その言葉を耳にするたびに、気持ちがよくなっていくのは、プラスの感情が伝わるからに他ならないが、もうひとつ、そういう言葉ほど、〝音〟としても耳にじつに心地いいからなのである。

会話しながら〝耳の心地よさ〟を意識するほど、ゆとりある人などいないだろう。でも「うざい」とか「ムカつく」という言葉はそれだけで耳にさわるように、負の感情を伝えるあらゆる言葉は、聞くだけでやっぱり人を不快にさせる。

さらに言えば「ムカつく」と言いながら、人はぜったい微笑めない。「うれしい」「楽しい」と言いながら、人はぜったい顔を歪ませられない。言葉が表情までをも支配することに、一日も早く気づかないといけないのだ。

いい感情を伝える形容詞でつないでいった会話は、耳からも目からも、ともかく人を丸ごと幸せにする、そういうこと。

言霊

念じれば叶うは本当だ

「ボクも頑張るから、キミも頑張れ」。巨匠の名をほしいままにした黒澤明《くろさわあきら》監督は、そうやって若い俳優たちを励ましたそうである。

〝世界のクロサワ〟と言われる人にしては単純な……とか、「頑張るよ」と口に出して本当に頑張る者はいない……とか、そういうふうに思う人もいるかもしれない。でも、実際に一度でも黒澤氏にそう言われたことのある役者たちは、そのひと言を宝物のように大切にして、何度も何度も引っぱり出してみては「頑張ろう」と思い、本当に頑張れたと証言した。まさに言霊。

言霊……古代の日本で、言葉に宿っていると信じられていた不思議な力。発した言葉の通りの結果を現す力があると言われ、万葉集《まんようしゅう》にはなんと〝日本は言葉の力が幸せをもたらす国〟と書かれているという。

石でも木でも拝んでしまう国の言い伝えを今更もち出して〝言葉を大切に!!〟なんて言うつもりはないのだが、言葉に不思議な力を感じるのは、私たち日本人の特性なのではないかと思ったわけだ。

もちろんアメリカ人だって同様に、「I will make it !! I will make it !!」と口の中で繰り返したりして、きっとデキるきっとデキると自分を励ましたりするらしい。まさに呪文のように唱えたりするわけで、これは紛れもなく言霊信仰。

ただ「愛してる」という言葉。なかなか言ってくれないと女たちはよくジレるけれども、あの言葉にはふつう誰でも魂が入ってしまい、口にするのにエネルギーが要るから、生涯に言える回数は決まっているらしい。アメリカ人が「I love you」と言うようには、日本人が「愛してる」と言えないのも、口べただからじゃなく、「愛」という日本語には宿命的にねちっこく生きつづける言霊が宿るからに違いない。


別れるときいつも「また会おうね」とか「また会いたいね」と言う友達がいる。そして会ったときは「わー、会えてよかった」と言う。ふつう「じゃあね」とか「バイバイ」とか「待ったァ?」ですませるのに、彼女はふとしたひと言に〝希望〟を込める。彼女を嫌いな人がいないのは、たぶん言霊のせいだろう。

所詮、人は人と言葉でしか関われない。だから信じてみたい、言霊伝説。

第三章

〝生活〟の躾

一日の長さ

人より長い一日をたくさん持てた人が、人生の勝利者

たとえば旅行をして、朝はどこで食べて、次に何をして、昼はどこへ行って、そのあと何をして……と、一日めいっぱいのスケジュールをたてて動きまわっていたとしよう。おそらくその晩、今朝のことを思い出したら、きっと三日前くらいの出来事のように感じるだろう。

「今日って、一日が長いよね」

思わずそう言ってしまうと、一緒にいる人も、まったく同じように感じていたりする。一日ってじつはこんなに長いんだと、しみじみしながら一日を終えるみたいなことって、きっとあるはず。


そう、一日の長さは毎日同じではない。むしろまったく違う。仕事を持つ人にとっての平日は、ほぼ同じ長さだろうが、休みの日はまるっきり違う。不思議なことに、休みは一日が半日にしか感じられない日と、三日に感じられる日がある。

長い短いが極端だ。だから決して一日だらだら過ごしているわけではないのに、休日がなぜだかすぐ終わっちゃうと悩んでいる人も多いはずだ。一体何が違うのだろう。

ひとつに、朝から晩まで初体験、または朝から晩まで非日常、行ったことがないところ、やったことがないことで一日を埋めることができると、一日はいかにも長い。夕方くらいに、朝のことを思い出すともう遠い昔みたい。次に、朝と昼と夜、一日を三分割して、それぞれにきっちり違うことをした日は、まさしく一日が三日に感じる。でももうひとつの条件は、ともかく朝早く起きることなのだ。

平日は、どちらかというと一日が早く終わってほしいと思うから、朝から、二時くらいまでがとても長い。逆に休日は長く続いてほしいと思うから二時くらいまでが何とも短い。

従って休日は午前中が勝負、午前中にきっちりと何かをやっておかないと、二時にはもう一日が終わりかけている気分になるから、一日が短くなってしまう。そこで平日は夜を充実させ、休日は朝を充実させる。その繰り返しが人生を充分楽しんでいる気にさせる最大のコツなのである。

そしてもちろん人生は、人より長い一日をたくさん持てた人の勝ち。

気持ちいい!!

後味の気持ちいい瞬間を増やすことが、すなわち幸せ

二〇〇四年、アテネオリンピックで金メダルを取った北島康介《きたじまこうすけ》選手が開口一番何と言ったか覚えているだろうか。「チョー気持ちいい!!」。ああいうふうに、非のうちどころのない幸せを手にした時、思わず口をついて出てくるのは、なるほど「気持ちいい!」なのかもしれない。

〝幸せ〟になりたい人にとって、「気持ちいい」という感情はいかにも軽薄で物足りない。ほんの一瞬で過ぎ去っていく感覚だから、とてもじゃないが自分がイメージしている幸福には程遠いものと言うだろう。しかし〝幸福論〟の多くが、幸せとは、日々の小さな恵みの積み重ねによって生まれるものと定義している。幸せとは、そんなに立派で強大なものではないのだ。

もし、立派で強大な幸せが手に入ったとしても、もっと上もっと上と、際限なく上の幸せを望んでしまうことが、逆に新たな不安をどんどん呼びこんでくるから、それを幸せとは呼びにくい。むしろ、日々ひとつずつでも〝気持ちのいいこ

と〞が続いたほうが、結果としてよほど大きな幸せを感じられるはずなのだ。

つまり、〝気持ちいい〞をキーワードにして、日々の暮らしをやり直すと、幸せになる可能性ががぜんふくらむはずなのだ。そして〝気持ちいい〞が想像以上に広い意味をもつことに、ここで気づいてほしかったのだ。


今まで私たちは、香りつきのお風呂で「ああ、気持ちいい」と小さくつぶやくことや、エステで〝気持ちよさ〞を買うことにしか、気持ちよさを見出《みいだ》してこなかった気がする。でもかつて世界一になった勝者が「チョー気持ちいい!!」と言ったように、勝負に勝つこと、何かを成し遂げること、仕事をうまくこなすこと、人にほめられること、身のまわりを整理すること、誰かと楽しい会話ができること、誰かを好きと思うこと、それに何かに感動するのも、みんな気持ちのいいこと。また一方、誰かを許してあげたり、人に親切にしたり、何かに耐えたりすることも、じつに〝気持ちのいいこと〞。

耐えることがなぜ気持ちいいことなの？　と言うかもしれないが、気持ちよさは即《すなわ》ち〝後味〞のよさ。事が終わったあとの爽快感。あとにふわっと爽やかになることを人はもっと積み重ねるべきなのだ。それが即ち幸せの正体。今日からもっと〝後味の気持ちよさ〞を究めたいもの。

歯みがき

人は人生にこだわり出すと、歯みがきに目覚める

人間には、日常の何気ない一日一日をもっと大切にしなきゃいけないんじゃないかという、義務感のような焦りのようなものがふと生まれる時期がある。人生は一度きり……という言葉が頭の中に不意に浮きあがり、そうだ、一日一日をもっと丁寧に生きなきゃと、目覚めるのである。そこであらためて思い出すのが、なぜだか〝歯みがき〟なのだ。

たとえば子供の頃は、一日が今よりもっと丁寧に営まれていたはずで、明日の時間割りを見て教科書を揃《そろ》えたり（これがなかなかできなかったのだが）、決まった時間に寝たりする、そういうことへの懐かしさや憧れみたいなものが、大人になるほど強くなっていき、やがてそれがハッキリとした願望になり、日々を丁寧に営んでいる証拠を、何かの形にしたいと願うようになる。その象徴が、すなわち〝歯みがき〟なわけなのだ。

歯をみがく行為は、たぶん顔を洗うより、三度のごはんを食べるより、日常の

基本。それをハズしては一日が始まらないし、それをハズしては一日が終わらない。食後に必ず歯をみがき、オフィスにも歯ブラシを用意する習慣も含め、歯みがきを生きる上での重要な儀式と考えるようになるのである。

たとえばあなたは一回に何分歯をみがくのだろう。電動式なら、〝二分で完璧〟だとされるも、人間の手で行うと最低十分は必要との説もある。それをほんの数分ですませてしまうことが、自分の日常に対する小さな罪悪感を毎朝のように生み、いつかそのうち十分間……と思ってベッドに入れば、小さな後ろめたさが毎晩のように生まれる。誰でもない、自分への後ろめたさ。歯みがきというのは、そうやって自分自身に課す最大のルールなんじゃないだろうか。だから十分かけなかったことで、その一日を雑に過ごしてしまったような悔いが残るのだ。

人生は一度きり。歯もじつは一組限り。その関連性から、人は人生にこだわり出すと歯みがきにも目覚めるようだ。何だか子供みたいだが、歯みがきさえきちんとやっておけば、自分に対し後ろめたさがなく、自分はちゃんとした人間だと胸を張れるみたいな……。

だから自分に恥ずかしくない歯みがき、まずはそこから始めよう。きっと、明日の用意を夜のうちにやっておくような清々しさがあるはずだから。

家事の精神

人は家事から逃げられないから、家事これ渾身!

〝家事が大好きな人〞は、エライというより、幸せ。いつもハウスキーパーがいるような家でない限り、人は一生家事から逃れられない宿命にある。嫌いなのに一生やり続けなきゃいけないことなんて、家事くらい。その分だけ人生も暗くなる。だから無理矢理考えてみたのが、ちょっとでも家事を好きになる方法。

たとえばそうじというと思い出すのが、幸田露伴《こうだろはん》という作家。露伴が、娘の幸田文《あや》に対し、生涯を通じて〝完全なるそうじ〞を強要しつづけたのは有名な話。初の文化勲章を受章するほどに偉大な作家が、病的とも思えるほどそうじに執着し、娘に対し異常な厳しさでそうじの躾を続けた理由は何だったのか。

「技ではなく、これ渾身《こんしん》!」露伴は娘にこう教えたと言う。

家事は楽しくない。早く終わらせたいから、技を磨く。うまくなって早く終わるようになると少し楽しくなるが、それが当たりまえになってしまうと、またイヤになる。つまり、技を磨いているうちは、家事は人を育てないのだ。だから

「これ渾身！」。

部屋のカーペットにそうじ機をかける時、中にひとつ二つ取れないゴミがあったり、あのイスを動かさなきゃとか、あそこを先にやっておいたほうが効率が良かったとか、そういうことを考えているうちに、しだいにイライラしてくる。どうしたものかと思っていた時「これ渾身！」の言葉を突然思い出す。

渾身とは、単にからだ全体とか満身という意味で、深い意味はない。でもそれだけに、ハッとしたのは、何も考えてはいけないのだということ。何も考えず、体だけをフルに使って部屋のすみずみにそうじ機を走らせた。無我の境地と言えば格好はいいが、もっと単純に体だけ。するとそれを終えた時、本当に自分の体の中が洗われた気がしたのだ。

お寺の修行僧が、いつもおそうじばっかりしている意味もわかった。お墓参りのあとの清々しさに、妙に似ていたからだ。人が家事から一生逃れられないのは、きっとそれが精神のおそうじだからなのである。

イヤイヤやっても、キレイになった部屋やお風呂は、人を気持ちよくしてくれる。でも体の中までの浄化感は、渾身の家事でしか味わえない。新しい贅沢《ぜいたく》だ。

水まわり

〝水まわり〟でこそ問われる、丸裸の女の躾

人間の本質的なマナーは、よく〝水まわり〟に出ると言われる。トイレ、洗面所、キッチン、そしてお風呂……。

手を洗う時に水を飛び散らして洗面台をビショビショにしたのに、そのまま出ていってしまうタイプに限って、洗面台をひとり占めして化粧直しがバカみたいに長い……そんな法則が語れるくらい〝水まわり〟ではとりわけ人間の本性がクッキリ表れ出てしまう。

にもかかわらず、公共の女子トイレは往々にして男子トイレより汚い。不思議だけれど、水まわりに身を置くと女はたちまち自分しか見えなくなってしまうのだ。いちばんマナーが問われる場所なのに、いちばん身勝手になってしまうのだ。トイレの場合は、まず個室であること、鏡があること、一応女にとっては〝舞台裏〟であること、だからこそ、〝自分さえよければいい〟になりがちなのだ。

じゃあ、お風呂はどうなのだろう。いわゆる〝銭湯〟に行く習慣がない今、公

共の場での入浴マナーは育たない上に、女の半数は、衣類を脱ぐと、気取りやプライドも一緒に脱いでしまう。化粧室と同様、身づくろいする舞台裏であることも手伝って、どうしても我が物顔になりがちなのである。

脱衣所から入ってきてそのまま湯船にドボンとつかるなどは序の口、自分のタオルを湯船の中に入れてしまう。体を洗う時、泡をあちこちに飛び散らす。髪の毛を平気で流してしまう。使い終わった桶《おけ》や腰かけを、そのまま放置する。あげくに出したお湯の栓をきちんとしめずに、チョロチョロ出したまま出てしまう。などなど、すべてのプロセスにマナー違反が見つかる温泉場。もう二度と来ることはないかもしれない旅先ならなおさら、温泉は〝旅の恥をかき捨てる〟格好の場になってしまうのだ。

温泉はまさに丸裸のまま体中で〝女の躾〟を問われる場所、体中でマナーを意識しないと、〝躾のなさ〟は服を着ている時より非常識が目立ってしまう。でも逆を言えば、最低限水まわりでさえきちんとふるまえば、それだけで〝きちんとした躾ある女〟と評価される。見直されたりもする。そう考えればかえって楽。躾の生命線である。

トイレそうじ

トイレそうじを断る人の人生は、結果さみしい

「私は一生、トイレそうじはやらない。やらずにすむ人生を送りたい」

そういう主義の人、じつは決して少なくないという。トイレそうじだけは生理的にできないという〝潔癖性〟の人が。でもたとえば入った会社かアルバイト先が、トイレそうじも自分たちでやらなきゃならない少人数のオフィスだったらどうするか？　上司に命令されたら、当番制だったらどうするのか？　実際に今は、当番制でも「私はできません」とハッキリ断る人もいるというが。

同様に、頼まれた仕事をハッキリ断る新人が当たりまえにいる時代だが、仕事を断るのとトイレそうじを断るのとでは意味合いがちょっと違う。前者は社会人としての自覚に欠けるが、後者は〝生活者〟としての自覚に欠けるという……。

トイレそうじにちょうどいい言い訳はない。「それだけはやらないと決めているので」と言っても「その精神的苦痛に耐えられそうもないので」と言っても、理解はされない。「私の誇りが許さない」などと言ったら、もっと人を遠ざける。

何より、「じゃあ、キミはトイレを使うな」と言われて終わり。どうにも勝ち目のない〝主義〟である。

いずれにしても、そうじが当番制の企業には勤められないし、トイレそうじも喜んでやってくれるパートナーを見つけるか、最低でも三日に一度はハウスクリーニングを入れる、またはハウスキーパーを雇えるお金のゆとりのある生活水準を保つしかないわけで、生活者としてはいろんな制約を強いられる。〝トイレそうじを一生しない特殊な人生〟を生きる以外ないのだ。

その前に考えてほしい。清潔好きだからこそトイレのそうじを拒むなら、大人の清潔好きには、自らトイレをいつもキレイにしておく真の清潔好きと、自分ではキレイにできないウソの清潔好きの二種類がいるってこと。言いかえれば、人に喜ばれる清潔好きと、自分以外の他人は全員キタナいと思う、ひとりぼっちの清潔好きの二種類がいるってことなのかもしれない。

清潔は、ひとりよがりのものであってはいけない。みんなで心地よい幸せな生活を送るためのもの。かくしてトイレそうじを断る人の人生は、さみしい。

たたむ

美しくたためる女は、四隅の揃った女だ

何年かぶりに〝着物〟を着た。前に着た時のわずかなたたみ損じが致命傷となって、何だか貧乏たらしい着物姿となった。着物は着るのも大ゴトだが、しまうのはもっと大ゴト。ただのてろんとした布を、ルール通りにたたんでいく作業は、その手順にたったひとつでも間違いがあると、またその手際にほんのわずかでも躊躇《ちゅうちょ》があると、たたみジワは避けられない。

そもそも着物の構造って、恐ろしくサイエンス。正しくたためば、百年後に引っぱり出しても、そのまま着られるくらい、シワのできないたたみ方を想定した、理にかなった形になっている。アイロンのない時代のサイエンスの象徴と言っていいのである。

私は久しぶりに、何かをたたむことの緊張感に包まれ、何だかわからないが妙に神聖な気持ちになってしまう。そう言えば、四角い布の四つの隅を、こんなにも一生懸命ひとつに重ねたのも、久しぶりのような気がした。

そして妙なことを思い出す。ブティックでセーターなどを物色する時、めちゃめちゃ正しくたたまれたセーターをいちいち広げてしまうのも、なかなかの罪悪感だが、それをどうやっても元あったようにキレイにたためずに、表面だけ取り繕って、そそくさとその場を離れてしまうのは、女として相当罪深い。

ブティックのスタッフには「いいのよいいのよ、これが私の仕事なんだから」と言わんばかりに、広げたそばから〝これ見よがし〟にたたんでいくような人もいないわけじゃないけれど、私たちも私たち。きちんとたためないなら、いちいち広げちゃいけないいんじゃない？　とも思う。

いずれにせよこういう時に痛感するのは、スタッフのたたみ方は芸術とも言えるほど完璧であるのに対し、自分がいかに〝たためない女〟であるかということ。

たぶん女は、たたむのが上手《うま》い女と下手な女にハッキリ二分されるのだろう。そしてそれは女に生涯つきまとい、何かにつけて顔を出す。たとえばきちんとモノをたためると、その人の家は必然的に片づいているから、日々目に触れるのは清々しい景色ばかりで、結果イライラしない。また、持っているハンカチはいつも四隅の揃った真四角の形をしているから、何か清潔そうな、下着もキレイそうな女に見える。たためる女は、人生を知らず知らず成功に導くのである。

ちゃんと

みんなは結局、「ちゃんとしたい」のである

ちゃんとする……まったくもって曖昧な表現だ。何をどう〝ちゃんとする〟のか、そこはまったく不明。それでもきっと今みんな思ってる。「私、ちゃんとしたいの」

辞書を引くと、こんなふうに書いてある。〝基準に合致し、条件を十分に満たしていること〟また〝確かで間違いのないさま〟。

私たちの日常生活には〝こうしなきゃいけない〟というルールはない。ないけれど、女には何となく、〝ちゃんと生きていないとマズイ〟というような無言のプレッシャーがある。つまり、〝ちゃんと〟は、今も昔も女に課された暗黙のルールなのである。

それがまず、それぞれの基準に合致し、条件を満たしていること。ちゃんと起きる、ちゃんと身づくろいする、ちゃんと歩く、ちゃんと仕事をする……毎日繰り返される朝からのプログラムひとつひとつに〝ちゃんと〟という基準が存在す

る。これは言ってみれば、社会人の〝ちゃんと〟で、そこには社会の監視というものがあるから、何とかその基準をクリアしている。

問題はむしろ、ひとりでいる時、みんなが後ろめたく思っているのは、誰にも見られていない時の〝ちゃんと〟なのではないだろうか。飲んで帰っても、ちゃんとメイクを落としてから寝る。どんなに疲れていてもソファで居眠りしない。部屋をちゃんと片づける。クローゼットの中がちゃんと整理されている……みたいな。そしてひとりでいる時間をトータルに〝ちゃんとやれている〟かどうか？

そう問い質《ただ》されたら胸を張ってハイとは言えないみたいな後ろめたさがあるわけだ。おそらくそこができていると、体の中までクリーンになったような、清々しい気持ちになれるのだろう。

そう、誰も見ていないところでちゃんとする、それが自分の心と体を洗い清める〝浄化作用〟がいちばん高いことを、人は感覚的に知っている。だからいつも〝ちゃんとしなきゃ〟と呪文のように唱えてしまうのではないか。

ひとりでいる時に、ちゃんと姿勢よく座って、ちゃんと正しくお茶を飲む……こういうことができたら、あなたは自分がもっと好きになる。気持ちよくなって幸せにもなれてしまう。人間ってなんて単純にできているんだろう。

朝市

不幸な平日を一瞬で幸せにするのは週末の朝市だ

何の工夫もなくボーッと過ごしてしまうと、日常というのはアッという間に退屈なものになる。

でも反対に、ほんのひと工夫するだけで、たちまち自分は幸せかもしれないと思えてくるのが、日常というものなのではないかと思う。

じゃあその〝ひと工夫〟って何かと言うと、たとえばここで言う〝朝市に行く〟みたいなこと。〝朝市〟なんか……と思うかもしれない。でも、たかが朝市程度のことで幸せにすらなれる、それが日常のスゴイところと思うわけなのだ。

まず朝市が開かれるのは、基本的に〝休日の早朝〟。広場かなんかの路上。〝休日の早起き〟は、人間の快楽のひとつに数えられるのではないかと思うほど、それ自体が人をいい気持ちにさせる。ひんやりと涼しい透き通った朝の空気も、不思議なくらい〝何かいいことをしているような達成感〟にひたらせてくれるのだ。

そして何より、朝市で売られているのは、〝産直〟の野菜や果物、魚介類、これでもかっていうほど体にいいものばかり。イキがよくて質がよくて、しかもヘエーッていうほど安価でないと、〝朝市〟とは言わない。だから、そこで買いものすると、誰もが実際の何倍も得をした気分になれる。その場で血液がサラサラになるくらい健康になれてしまった気がするのだ。

さらに朝市で買ったものは、なるべく新鮮なうちに、できるだけおいしく食べたいと思うから、休日の食事には、当然のことながら素材を生かした体に良さそうな料理が並ぶ。体にとても〝丁寧な食卓〟と言ってもいい。作るほうも食べるほうも、いつもとは違う満足感にひたれるのだ。とまあ、まったく見事な良循環。

意地悪な見方をすれば、〝朝市〟で売ってたって、スーパーマーケットよりマズくて高いものもあるかもしれないのに、そんな可能性などまったく考えずに人は満足してしまう。人間は、〝朝市〟の設定が理屈ぬきに好きなのである。〝朝市〟には週一で人を浄化する力があったりするのかもしれない。

だから、日常がどんよりしている人は、休日少し早起きして近くの〝朝市〟へ出かけよう。そういう〝体にいい幸福〟にひたりたい人が今はいっぱいいるから、朝市は全国各地で大盛況。そう言ってるそばから、行きたくなってきた。

雨の日

雨の休日を喜んでしまうのは、心がヒマな人である

人は大なり小なり、その日の天候に気持ちを支配されている。自分は影響を受けないという人でさえ、どしゃぶりの雨の朝は通勤をうれしいとは思わないだろう。三日間雨が降りつづいたら、気持ちが落ちこむだろう。人間だって基本的には、太陽が昇るのを見て心と体を目覚めさせ、日が沈むのを見て心と体を休息させようとする、とてもシンプルな動物。影響を受けないはずはないのである。

ある人は、雨の日は死にたくなると言った。ある人は、雨の日になると人がキライになると言った。

でも、こんな人もいるかもしれない。〝休日の雨〟は好き。あっけらかんとよく晴れた休日は大キライ、一日中じとじと雨が降りしきる休日だと心が休まるという人が……。

なぜ安らぐか？　たぶん休日がヒマだからである。ドピーカンの休日は、休日を外で積極的に楽しむ人を、みすみす心ゆくまで楽しませてしまう。それに比べ

て自分は家ですることとなし。その不公平感を不愉快に思う人が少なくないってことなのだ。

少なくとも〝休日のお天気〟を妬むのは、休日を上手に遊べない不器用な人に違いないが、休日のヒマを〝世の中〟のせいにするのはもともと間違っている。休日は百パーセント自分でアレンジするもの。パートナーも友達もいなくたって、休日を激しく充実させている〝生き上手〟は山ほどいる。

確かに人には、雨を理由に休日を一日ゆっくり過ごしたい願望がないではないが、それがヒマをもてあました末の〝安心〟だったり、楽しい人への嫉妬だったりするなら、休日の生き方を、いや人生の運び方を、やはり少し変えるべきなのかもしれない。

雨はやっぱりあんまりうれしくない。とりわけ休日はやっぱりカラッと晴れていてほしい……それが人間の健全な想い。そうでない人は、相当疲れているか、相当しぼんでいる人。もう一度自分をふくらませ、お天気の休日に弾むように出かけていきたいものである。

カーテンの教え

誰に見られても恥ずかしくない自分で生きること

どういうカーテンをつけようか、迷って迷って何ヵ月もカーテンをつけないままの窓がある。

しかし人間、慣れる生きもので、カーテンのついていない窓にしだいしだいに慣れてくる自分を感じていた。誰かに見られているかもしれない不安自体に慣れてくるのではない。もし、誰かがのぞいていたとしても、それほど恥じることのない自分でいることに、慣れてきたのだ。

かつて読んだ本の中で、「エレガントであるとは、誰にも見られていない時にも、エレガントでいられること」とあった。それ以来、家でひとりになる時、たびたびそのフレーズが甦っては、エレガントとは程遠い自分を認識した。

もちろん挑戦は試みた。家族にも誰にも見られていない時に、すべての動作をエレガントにする……といってもそれほど大それたことじゃなく、足をソファのヘリにのっけて寝転がらないとか、帰宅したままの格好で居眠りしないとか。

でも、ひとりでいる時にすべての瞬間エレガントでいるって、そもそもどういうことだろう。おしりをポリポリかかないとか、ストッキングを仁王立ちではかないとか？　いや、もっと基本的な、人前で決してしないようなガサツな仕草をしないことかもしれない。

ともかく、何をどうしていいかに戸惑うばかりで、そのうち疲れて〝エレガント〟をやめてしまう。そして〝人目がない解放感〟の中では、どうもがいても一度身についたものを取りかえることはできないのを思い知る。一生自分は、エレガントにはなれないのだと。

しかし、窓にカーテンをつけていないと、見られていようがいまいがエレガントが自然にできるのだ。やがてイスにすわる姿勢まで変わってきたことに気づくのだ。つまりそれまでの自分が、いかに背中をまん丸にして醜くイスにへたりこんでいたかに気づくのである。

妙な発見をさせてくれた窓には今、カーテンがついているが、そのカーテンを見るたびに、すっと背すじがのびるのは、何とも不思議だ。

昼食の贅沢

昼食の個人差が、そのまま暮らしの格を決めている

まずあなたは今日、どんな昼食をとったのだろう。そう聞く私は、たまった原稿を書きながら〝左手〟だけで食べられる昼食をとっていた。つまり、サンドイッチを時々つまみながら仕事をするという、貧しくやっつけな食事。

それで改めて思ったのは、人の暮らしの格はむしろ昼食で決まるってこと。だから私の目下の夢は〝昼食の贅沢な女〟になることなのである。考えてもみてほしい。朝食と夕食はホテルの二食付のようなもので、ほとんど様式化していて、食事としての役割は誰にとっても大差ない。問題は昼食なのだ。

その人がどんな暮らしをどれだけ豊かにしているか。そしてどれだけの交友関係をもち、時間をどこまで有効に使えているか、言わば人生の〝充実度〟みたいなものが、女の昼食には残酷なまでに表れてしまうのだ。

会社員は会社員で、やっぱり昼食の格ってあると思う。それだって手づくりのお弁当に毎日幸せを感じる人もいれば、同僚とキャーキャー言いながらランチす

る喜びもある。近所のお洒落な店を毎日食べ歩く楽しみだってあるだろう。つまり、毎日の昼食が待ち遠しいか、昼食時間なんてできればこの世からなくしたいと思うか、その差は人生において極めて大きいと思うのだ。

それに恋人同士も、いっつもいっつも一緒にいて、だんだん相手にあきてくる時、最初に〝退屈さ〟を感じるのが〝昼食〟なのだという。たとえば一日を、どちらかの家で一緒に過ごす時、昼食時間は確かに、〝中だるみ〟しやすい危険な時間。なのに五分くらいで終わっちゃうような昼食だと、あとの時間をどうしても持て余す。午後の気だるさも手伝って〝なんか、こいつって、つまんないヤツなの？〟って思うわけなのだ。

一方で、昼食を簡略化する人ほど、生活は充実しているという見方もある。確かに忙しい人にとって、昼食は時間をくう厄介なもの。けれど、ビル・ゲイツも孫正義《そんまさよし》も、現代の勝利者は、みんな片手でハンバーガーを頬ばりながら、パソコンのキーを打つ昼食こそに、喜びを感じてきた人。

一年三百六十五回の昼食を好きか嫌いか、それが人生の密度の濃さを決め、人の幸せの絶対量を決める。ならば、今から毎日、後悔のない昼食を積みあげていきたい。

お風呂

お風呂にいつ入るかで、人は変わる。楽になる

人とお風呂の関係は、意外なほど抜き差しならない。生命の起源は言うまでもなく海にあり、ましてや人間はお母さんの胎内でも、羊水の中に浮いていた。お風呂タイムに、体ごとお湯につかる行為は、そういう二つの重要な記憶をたどることに等しく、大げさに言えば人は毎日一回お風呂で自分というものの起源にもどり、日々リセットをくり返しているのである。

ただし、朝と夜とではそのリセット法に明らかな違いが出てくる。

夜は単純に心が閉じる方向に向かうから、どうしても考えが後ろ向きになりがち。お風呂に入ると深いいやしを感じるのも、体の中にたまっていたものが、負の感情もろともお湯の中に溶け出すからなのだ。

夜お風呂に入ると、何だか知らないが心が穏やかになる一方で、不意に泣いてしまいそうになるのは、気持ちの汚れを洗い流すという意味のリセットが行われ

るから。人は睡眠中に脳の中で記憶の整理をするというが、夜のお風呂も負の感情を一度すっかり放出させ、それですっかり洗い去るものと、まだ心の中に残しておくべきものを、知らぬ間に取捨選択して、整理をつけているのである。

だから、どんなことも一度まったりと悩んで咀嚼《そしやく》しないと次に進めないというタイプは、お風呂を夜にもってくること。つねにストレスと真正面から向き合わなければいけないが、その代わり、精神のバランスをいつも比較的ベストな状態に保てるはず。


でも、心の切りかえが早い人は、お風呂を朝にするといい。朝は反対に、何に対しても前向きに事を進められるから、その流れにうまくのって、自分をぐいぐい前へ出す。たとえストレスがあっても、それにはかまわず、栄養ドリンクを一気に飲みほして、心の中でストレスや悩みを中和させ、消去していく考え方。そういうリセットの仕方を演出するのが、朝のお風呂なのだ。

言いかえれば、夜は泣いて克服、朝は笑顔でのりこえる。どっちの〝性分〟かを見極めて。自分に合った方法で毎日のストレスをリセットする。そのリズムができてこそ、人は楽に生きられるのだから。

寝巻きの今

たかが寝巻き、されど寝巻きで人生が変わる

ゆうべ、何を着て寝ていたか？　おしゃべりをしていてたまたまそういう話題になった。一人は「パジャマに決まってる」と言い、一人は「綿のネグリジェ」と答えた。しかし、それを黙って聞いていた〝若年組〟は互いに顔を見合わせて、エー、そんなもの着るの？　という表情をした。今や数々あるジェネレーションギャップの中でも、それは何か決定的に、時代時代の女の生き方に関わるギャップのように思えた。

パジャマやネグリジェに、妙な反応を示した二十代半ばまでの女性たちがベッドの中で着ているのは、Tシャツに綿のパンツ。でき合いの寝巻きを着て寝るのは「もう卒業した」と言った。それはつまり、小学生も高学年になると、ランドセルをしょわず、大きな手さげバッグを持つようになるのと同じ、用途を限定されたものに自分を当てはめることをしないのが、今の自由な暮らし方における、たったひとつのルールなのだと思う。

ましてや、ネグリジェの時代はとうに終わっている。上までめくれ上がるしくみは機能的ではないし、ネグリジェだからセクシーという発想もなくなった。でも、そうした由緒正しい寝巻きが消えていくと同時に、私生活がだんだん貧しいものになっていく気がしてならないのだ。

ただでさえ、通勤時間の長い日本は、平日の私生活がとても短い。帰宅後すぐにTシャツに着がえてそのまま寝てしまう程度の時間しか、確かに残されていない。でも人は、何を着ているかで精神まで変わる。寝巻きを着たら、精神まで深々と眠たくなる。でもTシャツにショートパンツでは、仕事でも睡眠でもない、純粋な自分の時間がゼロになってしまわないか。

私生活が充実している人は、たぶん用途がハッキリした私服をいっぱい持ってて、帰宅後は美しい部屋着で、夕食後寝るまでのくつろぎに心地よい緊張感を与えているはず。そして寝巻きに着がえた瞬間、正しい眠りの時間を始めているはず。帰宅してから翌朝出勤するまで同じTシャツでぐだぐだ過ごす人とは大違い。どんな人でも、暮らしがしゃんとする。たとえわずかな差であっても〝一生分〟に換算したら、人の人生は少なからず変わってくる。寝巻き一枚で人生がしゃんとするなら、安いものである。

ザンゲ

一日一ザンゲこそ、本当の浄化である

日記をつけ始めて十年近くになるという人がいた。ただし、毎日記入する内容は、いわゆる日記のそれとは違う。一日ひとつのザンゲを書くというのである。ザンゲ……言うまでもなく、自分が犯した罪を自覚し、告白して悔い改めること。それを日記帳に三百六十五日、毎日書き続けているというのだ。

しかも、そうしたザンゲ録を日記帳に記すようになってから、精神的にとても楽になり、落ちこむことが少なくなり、だからやめられなくなったという。けれど、ザンゲを毎日日記のように書くなんてことが可能なのだろうか。彼女曰く、「じつはそれが快感なの。ザンゲすべきことを見つけると、それだけで胸がスッとする。だからけっこう必死でさがすの」。

なるほど、ザンゲとは自分の心の中をあえて覗《のぞ》いて、恥ずべきこと、罪なる心をさがし出すこと。たとえば今日は、男たちにチヤホヤされている新入社員のナントカちゃんに、嫉妬してしまいました……みたいに。しかもそのあとには、た

ぶん自分も新人の時、男性社員にチヤホヤされて、イイ気になっていたかもしれないと付け加えて……。

そういうふうに、今日あったことを思い出しつつ、今日の自分の心の中を丁寧に覗いてみると、確かに胸がスッとする。おそらくいつもは、心の中に恥ずべきことがあっても、逆に早いとこ忘れてしまおうと思っているから、一見心にたまらないようだけれど、じつは小さなしこりのように蓄積していっている。それが見えないストレスとなって心に重くのしかかるから、人は知らず知らず傷んでいって落ちこみやすくなるのだと思う。

ともかくストレスの原因は、周囲の人間ではなくむしろ自分自身の心の中にあることが、ザンゲ日記によってハッキリわかる。毎日日記に書くことで、そのストレスの原因をその日のうちにいちいち取り除いていたら、確かに心はいつも軽いまま。

「今日はイジワルになっちゃいました」「うっかりウソをついちゃいました」という具合に一日一ザンゲ……。一日一善よりはるかに簡単で、心に効く、心の洗濯。「イジワルしたのに、彼女は素直に私に謝ったりしてくれた。悪いのは私なのにね……」てな具合に、一日三行でいいから書き記してみたいもの。

家は、見た目か中身か？

人は、住まう家で得もするし損もする

世に言う〝閑静な住宅街〟。瀟洒《しょうしゃ》な家が建ち並ぶ。今どきの顔をした家の中では、思いきり今どきの暮らしが繰り広げられているのだろうと誰もが思う。そして、押しかけ上がりこみセールスの仕事でもしていない限り、見も知らぬ他人の家の中に上がりこむことはないから、最後まで外観と中身のイメージは一致したまま。

ところが先日私は、ひょんなことから何軒かの家の中をそっくり見て歩くことになり、ちょっとしたショックを受ける。住まい方の個人差の激しさに驚き、かつ人は家で得もするが損もすると思い知ったのである。

まず、外観と中身のギャップには、単純に言って二つある。外観はすばらしいのに中が貧弱。逆に外観はみすぼらしいのに中身は手間がかかってる。そこには家々の事情もあるのだろう。住まう人の価値観の違いなのかもしれない。だから、

どちらが良くてどちらが悪いとは言えない。でも端的に言って、後者のみすぼらしい外観の家の住人のほうが、十倍インテリジェンスがある人に見えた。

ある家は、何の変哲もない、壁の塗りが少しハゲかかっているような外観をしていた。あまり中を見たくなかった。しかし一歩中に入ると、玄関にかかった絵にコンソール、その上の置きものと、目にうつるものすべてが次々に、住人の評価を引き上げていき、全部を見終わった時には尊敬さえしていた。家を出て振り返ると、やはりあのボロ家だったが、それがかえって最後のとどめのように住人の存在を忘れられなくした。

逆に、外観と建てもの自体のすごさに、住む人の感性やエネルギーがまったくついていけていない家を見るのは辛かった。早く帰りたいと思った。外で会ったら素敵かもしれない住人が、あまり近づきたくない人に思えた。いっそ外観も貧弱なら、もっとお話ししたいと思ったかもしれない。外と中のギャップはかくも人を大きく見せたり小さく見せたりしてしまうのだ。ましてや外ばかり立派なものは、そこまで人を失望させてしまうのだ。それって人間と同じじゃない？

でも、人間以上に、家は外より中。玄関を出る時の虚栄心より、人を中に呼びこむ幸せ。家の価値はそこにある。

絵画

絵画をインテリアとしてさがしちゃいけない

〝絵を買う動機〟には、ハッキリ二種類ある。絵が好きで、あるいは好きな絵を見つけて、それを自分のものにしたいと思ったり、いつもながめていたいと思うことがひとつ。もうひとつは、「このカベ、なんか淋しいね、絵でもかけとく?」というふうに、間の抜けた空間を埋めるために必要となる場合……。

後者がいけないとは言っていない。新しい家に移る時、誰だって考えること。でも、淋しいカベにかける絵をさがしはじめた私は、いつの間にかそこに〝何が描かれているのか?〟より、何色で描かれているのか、全体としてどんなトーンなのか? それしか見えなくなっていた。結果としてソファの色によく合う〝四角い色〟をさがしていただけなのだ。

私はやがてぴったりの絵をさがし当てたのだが、その時初めて、それを描いた画家の名前を見た。そして、初めて何が描かれていたのか、何を描こうとした絵なのかを知った。

次の瞬間、思わず手を引っこめていた。こういう絵の選び方、それを描いた人にあまりにも無礼じゃない？　そう思ったからなのだ。こういう絵の買い方、何か間違ってない？　と思ったからなのだ。

私がどういう動機でそれを選んだのか、描いた人には永遠に知られないだろう。でも、画家がそれを描いた時の気持ちの熱さと、四角い色でカベを埋めようとしている自分の気持ちには、とんでもない温度差がある。たぶんそのままこの絵を買っても、家の中でそれは永遠に浮いてしまうのではないか。

絵はよくわからない自分でも、絵に描かれた内容そのものに足をとめ、最低でも「好き」と思わずに、絵を買ってはいけないと思いはじめたのだ。

結局、その絵を買うのをやめる。絵はたぶん、一個のインテリアとしてさがすと、どこかで絵に裏切られるのかもしれない。絵画って本来そういうものではないのだ。人間が描いたものは、それくらい温度の熱いもの。それを忘れちゃいけないのである。

感動の仕方

感動に飢えている人はクラシックを聴く

二〇世紀の問題作『危険な情事』のグレン・クローズ扮《ふん》する女性編集者も、日本のドラマ史上最大の問題児、あの〝冬彦《ふゆひこ》さん〟も、知的な変態男女はみんな、なぜかふだんオペラのアリアばっかり聴いていた。

それもいろんなジャンルの音があふれている中、尚も〝古典〟にこだわる人間は、現実から逃れたいか、今も貴族的な匂いのする世界に浸ることで、自分は他の人とは違う人間なのだと悦に入りたいか、どちらかの人間に見せるため。

でも逆に今、いろんなジャンルの音楽を聴きまくり、結局クラシックに行き着いてしまう人も少なくない。ある人はそれを〝感動マヒ〟の表れと言った。

今やちょっとにぎやかなコンサートに行けば、必ず最初から総立ちのノリまくり。でも七割は、まわりにつられてるだけで、じつは上げた腕を下ろせずに、苦痛を味わっていたりする。形から先に感動してしまうと、本当の心の感動は逆になかなか突き上げてこない。アレ、なんで自分だけ感動できないんだと不安になって、感動欲求の強い人は、もっと感動しそうなジャンルへと渡り歩いていく。

たとえばサザンの歌は自分が実際体験したことのある胸ジンの出来事に共鳴して涙腺を刺激するが、クラシックは自分の体験とはまったくかけ離れたところで、細胞に響き、血液が勝手にドクドクいう。人を感動させる技もデータもなく、共通する胸ジンの出来事もない、娯楽も刺激も少ない大昔の人が、ピュアに人を感動させようと作った音楽だから、感動することにマヒした現代人の心にあらためて響くのではないかというのだ。

ノリノリで聴くのはおかしい、とりあえずジッとして聴いているべきクラシックは、ジャンと終わった時に、ちょうどエクスタシーの如《ごと》く、緊張が一気にとけるから、ふだん感じない感動体験ができるのだという説もある。

感動したふりに疲れた人にとっては、自力による感動こそが心地よい。何にも頼らず、感情を高め、魂を感動させる一種のトレーニングとして、クラシックはなかなか効果的なのだ。ちょっと孤独だけれど、熱い人間の魂の躾。そう思うと、クラシック好きをひた隠しにしている男に、何か新しい興味が湧いてくる。

感動に飢えている女たちよ。クラシックに戻ろう。

平凡な暮らし

朝陽の透明感に幸せを見つける人が結局いちばん幸せだ

「朝起きたら朝陽《あさひ》が気持ちよかったこと。お花に水をあげること……私、そういうことだけで幸せだって思えるんです」。ある女優のこんな言葉に妙に心を摑まれた。独身で美人、長年高い人気を誇っている。そういう女優が感じる幸せにしては、ずい分こぢんまりしているが、「ああ、やっぱりそれでいいんだ」と思ったからなのである。

〝自分の日常生活はつまらない〟と思っている人は多いはずだ。何か刺激的なことがたまにないと、日常生活はとことん退屈になり、自分はあんまり幸せじゃないかも……なんて思いがち。でも、そんなふうに悶々《もんもん》とする人は〝平凡な日常を楽しむ〟という選択がこの世にあることを、まだ知らないのかもしれない。

この女優は自分のことを〝家でひとり日常を楽しむ達人〟と言った。でも、女優さんの仕事はずい分と刺激的なことがありそうだし、だから何事も起こらない日常の何気ないひとときが逆に幸せに思えたりするんじゃない？　とも思えるが、仕事は仕事。日常は日常。長い目で見た人生の充実度は、結局のところ家で過ごす時間の中で、一体何回心を弾ませられるか？　ってことにかかってくるのではないのか？

朝起きた時に何だか心が弾む。射《さ》しこんでくる朝陽の透明感に喜びを感じる……まずはここなのだ。ここをクリアすると、日常は何となくうまくいく。じゃあ、朝ごはんもなるべく気持ちよく食べようとか、午前中の陽のいい時にお洗濯をすませちゃおうとか、そのままの気分で散歩がてらお買い物に出かけようかとか。すると気分で〝鉢植えのお花〟なんかを買う気になって、あとで水をあげる喜びなども生まれてしまう。

名づけて、日常における喜びの連鎖。これをしないと、ひとりで過ごす日常は、いくら待っても楽しくはならない。朝起きた瞬間の心地よさをイモづる式に夜まで引っぱっていく以外ないのである。

じゃあ、どんよりした朝はどうするの？　さっと気持ちを切りかえて、映画でも観《み》ればいいじゃない？　まずはそうやって自分の気持ちをコントロール。いつの間にか日常を楽しめる人になっている。何でも〝気の持ちよう〟と言うけれど、持ちようにも〝決め技〟が必要なのである。

年中行事

行事上手になると、一年がいきなり充実する

一ヵ月を淡々と生きていると一年はいかにも短い。あらもう三月？　あらもう六月？　と三ヵ月刻みにガクンガクンと時が過ぎ去り、気がつけば、エーもう年末？　一年がたつのはホント速いねと言っている。だから、年中行事というものはひょっとすると、毎年一年の速さだけを嘆かないためにこそあるのかもしれないと思ってみた。

クリスマスツリーをしまうやいなや、お正月の松飾りの心配をしなきゃと思う。すぐさま〝七草がゆ〟、そして一段落すると、今年の節分はどこのお豆にしましょうか？　そうそう、おひなさまも出しとかなきゃね……。

もし仮に、毎年必ずやってくる〝年中行事〟のひとつひとつをきちんとやる気になったら、けっこうな忙しさ。いや、こういうものは、よほど格式ある家にでも嫁がない限り、〝やらねばならないもの〟ではなく、やらなくても誰にもとがめられないし、やっても誰もほめてくれないもの。

でも年中行事をすべてにぎにぎしく行うと、一ヵ月はするっと流れてはしまわない。一ヵ月一ヵ月が別の意味をもってくるためか、十二ヵ月の時の流れがある種の手応えをもってくるのはもちろん、一年が妙に長く感じられるはずなのだ。

行事の準備がけっこう忙しいためもあるけれど、むしろそれは、行事に〝人生〟というものの教えがいっぱい詰まっているからなのだ。

年の初めに心を新たにする日は、元日はもちろん、二日の書き初め、初夢、七日の七草、十一日の鏡開き、十五日の小正月、三十一日のみそか正月と何日も続くし、節分だって、その日から一年があらたまり、いよいよ本気で邪気をはらい、福を呼びこまなければならない日……。

その日にやるべき行事をやりながら、その日の意味をいちいち心に刻みつけていたら、年の初めに心があらたまる密度は並大抵のものではなくなるだろう。

だからだろうか。若いのに行事をよく知りよくやる女性は、何だかとても丁寧に生きている人に見える。だからそれだけきちんと見える。

ただ古風を狙うのじゃなく、年中行事をいちいち心に刻む。人生が何割か引きしまるはずである。

第四章

〝対話〟の躾

気配り

気配りは、気配りある人にしか通じない？

〝気配りのある人〟は、周囲からこう言われたことがあるはずだ。

「そんなにまわりに気を使っていて、疲れない？」

だから、たぶんこう思うハズである。「疲れない？」と言われること自体が、疲れると。

少なくとも「疲れない？」と聞く人は、基本的にあまり気配りをしない人。人に対し気配りをする〝喜び〟を知らない人だったりする。

そう、気配りは喜び。まわりが思うほどに、それはたいへんなことではない。むしろ、すべきところで気配りしないでいるほうが、よほどストレスになったりする。いつどんな時でも人に心を向けてこそ、自分が自分でいられる……そういう人にとっては、気を使わなかったことが小さな罪悪感となって心にたまってしまうのだ。

ただ、本当にぐったりしてしまうケースもある。それは相手が〝気配りしない人〟で、こちらが気配りしても気配りしても、空気がよくならない場合。

ふつう、人に気を使われたら気持ちがいいし、その気配りに応えて、こちらもつとめて相手に気持ちよくいてもらおうと、逆に気配りのお返しをしたりするもの。だから二人の間の空気はどんどん清らかになっていく。〝気配りのある人〟同士なら、おそらく何時間いても、疲れない、気配りしっ放しでも、まったくストレスはたまらないのだ。

ところが、気配りしても気配りしても、あまり響かない、そもそもが自己中心的で、人の話をあまり聞かないような人が相手だと、気配りは驚いたことに、好意としてさえ受けとめられなかったりする。だから「疲れない？」なんて聞かれてしまうのだけれど、気を使われて心地よさを感じるのは、やっぱり本人も気配りの心をもっている人なのだろう。逆に言えば、疲れない？　と聞く人は、気配りに鬱陶しさやイライラを感じているはずで、だったらすかさず気配りを止め、スイッチを切り替えること。それもまた気配りだったりするのかもしれない。そこまでできてこそ、気配りの人。

でも、気配りの喜びを知らない人は、相手を疲れさせていないか、それだけは自問自答するべきである。

おひらき

センスのいい人は、無言で〝おひらき〟の空気をつくる

おひらき……言うまでもなく、祝宴・会食などの終わり。「もう〝おひらき〟にしましょうか」などと声をかける人がいてこそ成立する、閉会のタイミング。でも、三人の会でも二人のお食事でも、そのタイミングは必要なわけで、むしろ人数が少なくなるほど、〝おひらき〟を言い出すのは難しくなる。充分に若いうちは〝門限が十時で……〟なんて言い出しても野暮にはならないが。

そもそも、みんなが気持ちよく盛りあがっているところに、まさに水をさすように「そろそろ、ね」と言い出すのは、だいたいがみんなの会話にうまく乗り切れない、しかも人の話はあんまり聞かないタイプだったりしがち。そういう間の悪い〝ひと声〟は、一度やってしまうともう取り返しがつかないくらいに、空気を悪くし、評価を悪くする。だからみんな貧乏くじは引きたくないのである。

ただそれでも区切りをつけたい時、ある人は大きく深呼吸すると言い、ある人

はヒザをポンとたたくと言い、「さあー」と空気の流れを変えるようなかけ声をかけると言った。

そういうふうに、意味のない音を出すのは、ひとつのテクニック。「そろそろ……」と言い出すのはカドがたつということで、意味のない音でも、流れに区切りがついて、それで空気が変われば、誰からともなく「じゃあそろそろ」と言い出すはずで、そのスイッチをほとんど無言で押すことができるのは、やっぱり立派なセンスだと思うのだ。

さもなければ「エッ？　もうこんな時間？」と大げさに驚いてみるといい。どちらにしても、その場の会話がつまらなくて〝そろそろ帰りたくなった……〟のだとは決して思わせない配慮が必要。だから、時計を見て突然驚くべきなのだ。

ちなみに、デートの時、先に「そろそろ」と言い出すのは、だいたい優位に立っているほう。惚《ほ》れた弱みがあると、先に〝おひらき〟を申し出ることは、心情的にもぜったいにできない。そこで、どちらがどちらをより好きか……が見えてくる。そのくらいズバリ終わりを告げるのは、リスキーなこと。せいぜいセンスよく、技を使って〝おひらき〟を。

空気を読める人

〝空気を読める〟ってじつは大層なことなのだ

大人社会において、いちばん嫌われるのはやっぱり〝空気が読めない人間〟なのだろうか。合コン全盛期あたりから、ともかく人が複数集まる場面において、そこに生まれる空気を読めずに、ひとり暴走する人、ひとりハズす人を排除していきたいという気運が妙に高まっていた。

しかし空気が読めずにいちばん困るのは自分自身。仕事ができないのも、恋人ができないのも、そして人生何となくうまく運ばないのも、もとはと言えばすべて〝空気が読めないこと〟が原因だからである。

空気を読めない人とは、すなわち自己中心的で目立ちたがり。客観性がない上に、ここでこの言葉を発したらどうなるかという想像力もない人ということになる。何より、他人の気持ちが読めないってことは、仕事のニーズも人間関係のニーズも読めないということになる。ところが仕事もできず恋人もできないのは、自分のせいと思わないのが、このタイプの特徴。自分を認めない会社をうらんだり、想いが伝わらない相手をうらんだりとカン違い。生きる上での判断を大きくあやまったりするから、人生もうまく運ばないのだ。

逆を言えば、本当の意味で空気が読めれば基本的にすべてがうまく行ってしまうってことになるが、〝百パーセント空気が読める人〟というのも、じつはそう多くない。しかも彼らはけっこう苦労が多い。

まず存分に気配りができること。時に控えめになれること。そしてユーモアがあること。言いかえれば、その場の空気をこわさないために自分を殺せて、人のために心を砕けて、その場を盛りあげるために努力ができて、しかも人を沸かせる人間的なセンスと、その大前提として常識があること。そういうものをすべてひっくるめて、空気が読めるというなら、それは相当によくデキた人間。しかも、空気は刻々変わっていくから、注意力と理解力とカンの良さも必要……。めったやたらにはいない。それこそ百パーセント躾のある人。

「空気の読めないヤツってサイテー」と口にする前に、そこを今一度チェックしておく。ともかく今の時代、人と関わる時、会話する時は、つねに〝精神面での五感〟を研ぎすませておかないと、すぐにバツをつけられてしまう、人間関係に厳しい時代。良くも悪くもそういう〝大人の時代〟なのだから。

喜ぶ人

喜ばない人に、福は来ない

好感を持たれる人と持たれない人、その差はどこにあるのかと考えた時、単純に朗らかな人といつも不機嫌な人、と考えてしまえば話は簡単だが、世の中そんなにシンプルにはできていない。

たとえば意外な要素のひとつは、喜びの表現にあると思う。何かを誰かにしてもらった時、きちんと喜べる人は当然のこととして相手に好感を与えるが、あまり喜ばない人は、何となくだが世間に拒まれていく運命にあるということ。

三年も付き合って、結婚まで考えた男性に、別れを告げられてしまった友人が、彼からぽつりとこう言われた。「きみは何をしてあげても、あんまり喜ばない女だから」。

彼女は確かに、あまり喜ばない人だった。しかし古い友人たちは、彼女が喜びをあまり表面に表さないだけで、心の中ではちゃんと喜んでいることを知っていたから、三年も付き合って、相手の心が読めない男なんて、こっちからやめちまいなさいよと言った。

しかし同じ話を、三十五年連れ添ったある夫婦が熟年離婚するその理由として聞いた時、友人たちのアドバイスは間違っていたと知る。何でもその離婚は〝まったく喜びを表現しない夫に、妻が愛想をつかしてのもの〟だったらしく、〝喜ばないこと〟は長く一緒にいればいるほど、相手を空《むな》しくさせていくことを知ったからである。

親しい間柄ほど、時々ささやかでいいから喜んであげることが必要なのかもしれない。一緒に暮らす時間が長くなればなるほど、相手に何かをしてもらうことが当たりまえになってはいけないのかもしれない。

相手を喜ばせたい……それは人間の欲望のひとつ。喜んでくれるから、相手を想いやれるし、世話も焼けるし、愛情も注げる。それに対して、人は喜ぶことでお返しすれば充分なのに、それさえも忘れてしまう人は、誰にも求められなくなっていく。喜べない人は、愛されない人なのである。

聞き上手

聞くより、感情を表すのが、聞き上手である

人は心のどこかで〝聞き上手〟にならなきゃといつも思っている。愛される条件のひとつもそれだろうと思うから。しかし〝聞き手〟に徹するのは、〝話し手〟に徹するより、じつはずっと肉体的・精神的疲労度が高い作業。特に、ほとんど相づちを打つだけで、言葉をはさむことなく相手の話を一時間以上聞き続けると、話に集中してもしなくても、聞き手が受けるストレスは相当なもの。

もちろん、自ら身を乗り出すほど、興味深い内容ならば話は別だが、〝話を聞いていること〟を相手にアピールしようとすると、必ずストレスになる。つまり〝聞き上手〟を装うことは、人間の苦痛のひとつ。そこまでして〝聞き上手〟になる必要なんてあるんだろうか?

でも本当の〝聞き上手〟は疲れない。どんなつまらない話を聞き続けても、ストレスをためない。ただ聞くのではなく、喜怒哀楽をぶつけるからである。

面白くない素人から、面白い話を聞き出すお笑い系は、ともかくよく笑う。笑ってあげるから、相手はいい気になる。だから放っておいても面白くなるという。本音を言わない政治家から、ポンポン本音を引き出す政治評論家は、よく怒る。怒りながら何かを聞くから、相手もつられるのだという。

また、悲惨な身の上話を、より悲惨なところまで言わせてしまう司会者は、よく悲しむ。あるいは驚く。話はもっとインパクトをもってくるという。

つまりいずれの場合も、相づちではなく、その話に対する喜怒哀楽をそっくり相手に返すから、〝聞くに堪える実のある話〟になるのであり、話を面白く刺激的にしているのは〝話し手〟ではなく〝聞き手〟なのだ。だから本当の聞き上手はストレスをためないのである。

誰だって、自分の話で相手の心を動かしたい。早い話がそこにつけこむわけだけど、心が動いたことをオーバーアクションで伝えるだけで、あとは話が勝手に楽しく激しくなっていく。

世の〝優秀なインタビュアー〟は、誰もがそのテクニックで、聞けない話を聞き出しているというから、もう決定的。聞くよりも、感情を表に出す。友だちを一気に増やす方法でもある。

相づち

良い相づちは人を励まし、悪い相づちは人を傷つける

会話で人の発言に、いちいち大きくうなずける人は会話上手。でも実際やってみるとスマートに相づちを打つって案外難しい。こんなに小さな動きで、こんなに大きな意味をもつ仕草はたぶん他にないだろうから。

相づちにはそもそも三種類あり、ひとつめは話の内容を理解したことをアピールする相づち。学校の授業などでは、自己顕示欲の強い生徒がやたら派手な相づちを打つ光景がよく見られた。

二つめは、オバさんたちの大げさな相づち。ただこれは、理解度とはほとんど関係なく、「あーら奥さん」と手招きに似た仕草をするのと同様、オバさん特有のクセみたいなもの。相づちには〝相手に調子を合わせること〟という意味があるが、これはまさに調子を取る〝合いの手〟なんである。

そして三つめはと言えば、好意から出る相づち。一生懸命話をしている人に対しては、聞く側として敬意をはらわなきゃいけないとか、ちゃんと聞いているこ

とを相手に伝えてあげなきゃいけないと思う、心やさしい相づちである。話を聞くものとしての、正義感みたいな相づちと言ってもいい。

そしてこの三番めの相づちこそ、話をする人を勇気づけたり励ましたり、安心させたりするとても尊い相づち。しかし反面、それが理解しているふりや、聞いているふりをするための相づちだと、話をしている側には、ひと目でわかってしまうという怖さもある。

たぶん、相づちは言葉がない分だけ、心の中を丸見えにしてしまう特殊な働きをもつのだろう。だから、相づちの鉄則はひたすら気持ちを込めること。会議で、相づちのふりして居眠りしていたという部下を、次の人事異動で遠くへ飛ばしたいという管理職の話を聞いたことがある。ウソの相づちほど話をする人を傷つける行為はないのである。

良い相づちは人を励ますが、悪い相づちは思い切り人を裏切る。同じように首をふるだけなのに、それだけ大きな差が出てしまう、言葉なき言葉。相づちを侮ってはいけない。うっかり、首をふってはいけない。

伝言のウソ

センスある、心ある人ほど、伝言でウソをつく

そもそも、正確には伝わらないのが伝言。だからこそオフィスでも人間関係でも〝伝言〟にセンスや能力がにじみ出る。つまり伝言にはモレがあってはいけないが、時と場合によっては、ウソがあってもいいと思う。

どういうことかと言えば、「○○さんに伝えといて。私がものすごーく怒ってたって!!」みたいな伝言を頼まれた時、あなたはどうするのかってこと。

「△△さんが、すごーく怒ってると言ってました」。ひとまずこういうふうに、ほぼ原文のまま伝えたほうがいい場合もあるのだろう。しかし○○さんが短気で見境のない性質なら、「△△さんが、考え直してほしいと言ってました」と、密《ひそ》かに決裂を避けるアレンジをすることも必要なのかもしれない。

こういう時こそウソも方便。「△△さんが私もちょっと言いすぎた、悪かったと言っていました」なんて思い切って言ってしまったほうがいい場合もあるのだろう。○○さんの性格と△△さんの性格と、出来事の意味をすべてそっくり飲み

こんでいてこそできる、センスのある伝言。ある人は、仲良くしてほしい人同士の間に入って、誰もよろしくと言ってないのに「○○さんがよろしくと言ってました」と言ってしまうことがあると言った。「よろしくと言ってました」は、確かにあとでバレない上に、罪のないウソ。自分を取り巻く人と人の心を、ふんわりとまとめあげようとする心のウソなら、バチは当たらないのじゃないか。

いやたとえば、結婚して義理の両親ができた時、「実家の両親がお体心配してました」くらいのウソがつけないと、幸せなお嫁生活はやってこない。

そしてまた、上司の伝言を後輩に伝えるのでも、「部長が、これやっとけって言ってたわよ」から「部長がこれやっておいてくれると助かるって言ってたわよ」まで、伝え方はさまざま。そこで上司をイヤなヤツにせず、後輩を思いやる、二つの気配りを伝言ひとつに入れられる人って、正しいと思う。誰にもわからない、自分の中だけで処理できる、心優しい伝言のウソ……。

仕事でも友だち関係でも家庭でも、〝伝言〟だけは、そこにまつわる人間関係を自分の感性でコントロールすることを許されている。だから伝言にはその人のセンスと能力がにじみ出るんである。

返事の長さ

依頼に対しては短く、質問に対しては長く

インタビューって、本当に人の性根が出る。話の内容が面白いか面白くないかではなく、単純に言うとイイ人かそうじゃないかってことが。

「この作品を作る上で、いちばん苦労されたことは？」「別に……」

「どんな時に、やりがいを感じますか？」「特には……」

「なぜ、このお仕事を選ばれたのですか」「さあ……なぜだろう」

「じゃあ、このお仕事はやはり天職だと？」「はい……」

全編そういう答えの人へのインタビューは、数十分でへとへと。沈黙がコワいインタビューは、聞きたくもない質問の山になる。

人に何かを質問されて、最短の答えをするか、なるべく長く答えようとするか、それは他人への思いやりの有無とイコール。聞く人と答える人との立場がハッキリしているインタビューは、それが露骨に表れるのだ。

しかし、初対面の人との会話にも、同じことが言え、

「どこにお住まいなんですか？」「目黒《めぐろ》です」

「目黒のどのあたり？」「上目黒《かみめぐろ》……」

「最近お洒落なインテリアショップがいっぱいできていますよね」「ええ……」

　初対面の相手に嫌われるなんて十秒もあれば充分なのだ。


　私たちが日ごろ忘れがちなのは、人が人に質問する行為は別に本当に聞きたいのじゃない、単なる気づかいであり、優しさ。インタビュアーにとっては〝仕事〟だが、初対面の人間同士にとっては、相手を心地よくさせよう、親しくなろうという好意のかたまりに他ならない。

　そこで最も短い返事をすることは、単なる無愛想やぶっきら棒ではすまされない。恩をアダで返すような行為だってことを、けっこう世の中忘れがちなのだ。

　ところが一方「返事は短く」というマナーもある。

「これ、帰るまでにやっといてくれる？」「はいはい……」。「はい」は一度。

「でも、これもやらなきゃいけないし、できるかわからないけど……わかりました……」という、長さもバツ。

　要は、依頼に対しての返事は短く、質問に対しての返事は長く……返事の使い分け、これだけで人間は立派にも最低にも見えてしまうってことなのである。

アイコンタクト

目と目を合わせたら、二～三秒長く見つづけること

「今日あの人と、三回も目が合っちゃった」

そんなことを言って喜んでいるのは、今やせいぜい中学生までか。でも多かれ少なかれ十代の頃は誰もが体験したはずの〝目が合う〟という一瞬の交わり。単に人と人の視線がぶつかっただけなのに、その瞬間にはだいたい体のまん中で電気が光るような、閃光《せんこう》を見るような、まったく言葉以上の強いパワーを感じる。相手が〝特別な人〟ならなおさらだ。

何度も目が合ううちに、何とも思っていなかった人を好きになってしまったり、意識的に目を合わせることで、無理矢理恋を成就させたり……。考えてみれば、もったいない。あれほどのパワーを、人はなぜ大人になると忘れてしまうのか？

顔見知りなら挨拶する、けれど人はまじまじ見つめてはいけない……それが大人の常識だ。アイコンタクトの魔法を使えなくなってしまうのは、たぶんそうした当たりまえの常識があるせいなのだろう。

ちなみに、日本には人の目を見てはいけないという〝しきたり〟があったせい。かつての日本では、目と目を合わせるのは性的な意味をもち、目を見るのははしたないとも失礼だともされたのだとか。

でも〝あの子ばかりがなぜモテる？〟とまわりに不思議がられる女性って、たぶん人の目を臆することなくまっすぐ見られる人なんじゃないかと思う。人よりも何秒か長く人を見られること、それが相手を強く惹きつける。

これはもう理屈じゃなく、〝凝視〟が思わぬところで誰かに好意を抱かせてしまう証拠。もちろん、あまり長々と見つめると一転〝不思議な女〟に思われるから、長すぎてはいけない。たぶんほんの二～三秒長く人を見つめられること。それが人を惹きつける技なのだろう。

海外に行くとあなたも感じるはずだ。目を合わせている耐久時間が日本より長いこと。〝モテるため〟でもいいけれど、それ以前に人との交わりをより深いものにするために、誰かと目を合わせたら、二～三秒長く見つめるクセをつけよう。たちまちあなたは異様に〝印象深い人〟になっている。

驚き上手

よく驚く人ほど、愛される

〝とっつきにくい人〟〝何となく冷めてる人〟〝ノリが悪い人〟……。そう言われる人は一体何がどうマズイのかって、考えてみた。

そこにはもちろん、あんまり笑わないとか、一緒に騒がないとか、もっと単純に無口であるといったベーシックな特徴があるのは言うまでもないけれど、その根っこにあるのは、たぶん会話において〝驚かないこと〟。

日常会話には、それほどビックリするような話題は出てこないけれども、たとえば「これバーゲンで〝七割引き〟だった」とか「○月○日に地震があるらしいよ」とか「隣の課の○○さんと○○さんが付き合ってるって知ってた?」といったふうに、みんな会話では相手に「へ〜」と言ってもらえること、「ウソでしょ」と驚かれる話題を提供しようと、それなりに頑張っている。誰にも受けない、その場が沸かない話題を持ち出すのは、今もっとも野暮なこと。

だから驚かれてナンボ。何を言っても驚いてくれない人間を相手に話をするのは、かなりの苦痛を生んでしまう。つまり〝とっつきの悪さ〟も〝冷めた印象〟も〝ノリの悪さ〟も、人の話に驚いてあげない思いやりのなさがもたらすものなんである。

　そう、会話において、相手の話に驚くことは、立派な思いやり。心優しい人ほど、日常会話において「へ〜」と珍しがり、「ウソ」と驚き、身を乗り出していたりするもの。誰も口には出さないけれど、これは人にとって会話のマナー。マニュアルなきマナーである。従って、もともとみんな無意識のうちに少しだけ大げさに驚いてあげている。少しも驚かない、表情を変えない人が、元気がなく心が冷めてるだけじゃない、どこか非常識で身勝手な印象を与えてしまうのも、そのためなのだ。

　とりわけ、何かをもらった時、思いがけないプレゼントに驚かないのは、礼儀を欠くことに他ならない。こういう時こそ、思いっ切り驚いてあげることが、贈りものに対するお礼。情のお返し。だから驚く人ほど愛されるのだ。

　〝驚いたふり〟は逆効果だが、相手の話に耳をしっかり傾けて百パーセントで受けとめていれば、必ず驚ける。せいぜい驚いて、愛されよう。

目配せ

〝一を聞いて十を知る〟能力がないと、目配せは読めない

こんなことがあった。仲間で知人宅に出かけて、ビミョーな時間になってしまった時、「そうだ、夕飯食べていって」と誘われる。私は、思わず連れに目配せし『それはマズイよ、そろそろ帰りましょう』と伝えたつもりだったのだが、連れは「そうですか。じゃあ、お言葉に甘えて……」なんて言っている。「な、なんで」とあわてるが、自分の目配せが『じゃあ、ごちそうになりましょうよ』と言っていたというのである。私はその時、目をパチクリさせて、『帰りましょう』と言ったつもり。けれどまったく伝わらなかった。目配せにも失敗があるのだ。

けれどもそもそも〝目配せ〟って肯定にはあまり使われないはずのもの。意味ありげな、含みのある内容を声にできないから目の表情に託すもの。その含みを読み合えないような間柄で、目配せのコミュニケーションなどできるはずがないのである。

しかも目配せは、友人同士の付き合いよりも、むしろ仕事の場面のほうが頻繁

に使われる。『この書類のコピーを取って』『今は奥へ下がっていて』『自分は今、いないことにしておいて』……と、たとえば秘書の仕事なんていうのは、上司のそういう目配せを読み解く仕事と言ってもいい。つまりそれは社会人として圧倒的な有能の証。

〝ツーカー〟という言葉がある。〝つうと言えば、かあ〟、つまりほとんど言葉にしなくても、気持ちが通じ合ってしまうほど、気心が知れているという意味だが、これもただ〝仲良し〟ならば誰にでもできるという会話じゃない。それこそ〝一を聞いて十を知る〟という才能がない限り、〝つう〟で〝かあ〟は読み取れないはずなのだ。そういうコミュニケーションがとれること、それは社会人としてのひとつの立派な能力なのである。もちろん読解力だけでない。目配せするほうも、どういうタイミングでどういう目をするかという、伝える能力を問われるわけで、そのへんのセンスもやっぱり仕事の能力のうち。

どちらにしても目配せで仕事ができるようになったら本物。もちろん読み方なんて誰も教えてくれない。すべては人間的センスと、人の目のわずかな移動も見逃さない集中力にかかっている。あなたは目で会話、できるだろうか。

嫉妬をかわす

嫉妬をさせないことも気配りのうちである

〝同性に嫉妬されるタイプ〟にも二種類ある。まずは同性の嫉妬を買うような言動をして、自ら嫉妬を呼び込みながらも、それに気づかない女。こちらのタイプは「女のひがみってイヤね」と応戦するか、「嫉妬されやすい私って、不幸な女」と、被害者気分に浸ることが多い。

もう一方は、ふつうにしていると嫉妬を買ってしまうことがわかっているから、事前に何らかの対策を打って、身をかわす女。こちらのタイプは、「嫉妬される側にも問題があるのかも」と思い、いつも気をゆるめない。〝嫉妬される女〟がいれば、その分〝する女〟が生まれ、両者は憎み合うしか方法がなく、お互いに不幸。そう思って身をかわす準備を整えているわけだ。嫉妬はしないほうがもちろんいいが、させないことも気配りの範疇《はんちゅう》なんである。

だから存在自体が嫉妬の対象になりやすい優れた人の中には、とても気さくだったり、三枚目もやれたり、じつは抜けていたりして相手を安心させる人も少なくない。それがただ嫉妬から逃れる自己防衛から来たものだと、逆に嫌味だが、そういう世の中のしくみに子供の頃から気づいていて、無理のない天真爛漫《てんしんらんまん》が身についていれば、理想。

ともかく〝同性に嫉妬されるタイプ〟を心のどこかで誇りと思っちゃうようなヒマがあったら、スマートに身をかわして、男にも女にも愛される人になろう。嫉妬されそうでいて、ギリギリされない人が、この世でたぶんいちばん正しいのだから。

大人のないしょ話

ないしょ話は良き助言に見えなきゃいけない

社会人になった時、最初に感じた〝社会〟は、とてもないしょ話が多いところ……というものだった。しかも、女性ではなく男性同士のないしょが多いところだと。

たぶん、学生時代は知る術《すべ》もなかった〝得意先〟と呼ばれるクライアントと、そこへ何かを売り込む〝営業〟との関係、そこには、複雑な駆け引きやらがあるから、打ち合わせの場でも、ついつい話が〝ないしょ〟っぽくなるわけだが、ネクタイをした男性同士の〝ないしょ話〟が、学校を出てきたばかりの小娘に、どれだけ強烈に、社会ってものの不思議を教えたかは、想像がつくはず。

子供の頃、誰もが母親にこう言われたことがあるかもしれない。「ないしょ話はしちゃダメ」と。なぜなら確かなのは、第三者が必ず〝傷つく〟から。ないしょでかわされた話が「じつはね、今晩のうちのゴハンはカレーなんだよ」なんて内容でも、それが聞こえない第三者はきちんと傷つく。だからどんな時でも〝ないしょ話〟はしちゃいけないの、と教えられてきたわけだ。だから驚いたのだ。それがビジネス上の慣習になっていたのだから。そう言えば、日本の政治家も、選挙以外は居眠りとないしょ話しかしていない気もする。

けれど歳《とし》を重ねるにつれ、ないしょ話がいかに上手にできるかに、社会人としての能力が、ある部分示されることも知った。気配りや常識や経験あってこその〝ないしょ話〟を、そこにいる人をいかに不安に陥れずにできるか、そこにある空気をいかによどませず、汚さずに、スマートで爽やかにないしょ話ができるか、仕事とは即ちそういうものだと知るのである。

ちなみに、陰口に見えない美しいないしょ話とは、キョロキョロせず、話す相手だけをジッと見つめて、最後に相手の肩をポンとたたく……ちょうど、スポーツの試合中にコーチが選手に指示を与えるように、あくまでフェアな印象を漂わすのだ。

良からぬ相談ではなく〝良き助言〟であることを、第三者にアピールするわけだ。大人の社会的ないしょ話は、最低限そうでなくてはいけないのである。

ウワサ

噂を聞く快感と広める快感、しかし広めない快感もある

人のウワサが、ひと昔前に比べると数も内容も激化している気がするのは、紛れもなくネットのせいだが、ありもしないことがウワサになるのが現代のウワサの特徴。出ドコロ不明なだけに〝芸能界のウワサ〟のほうがよほど信憑性《しんぴょう》があるというくらい、巷《ちまた》のウワサはいろんな方向にエスカレートしている。

しかし〝人のウワサも七十五日〟とうたわれたのも、今は昔、今どきのウワサは七十五日なんて、とっても続かない。せいぜいが二週間、いや聞いたとたんに忘れてしまうくらいにウワサの新陳代謝も速まっている。

だから、ウワサされても無視を決めこむに限るのだ。昔のように二ヵ月半もウワサが生きていたら、それなりの忍耐が必要だが、長くて二週間なら、アッという間。だから聞こえなかったふりをしているべきで、馬耳東風、飄々《ひょうひょう》としていれば、ウワサをする側の快感も半減する。

そう、ウワサは結局のところ快感を得るためのもの。人から人へ、快感を分け

与えていくためのもの。だから、ウワサ話を切り出す人は「ねえねえ知ってる？すごいこと聞いちゃった」と、まるで相手に不意のプレゼントでもするように、自慢気。たぶん情報を手にしたことによる快感よりも、それを人に教えてあげることのほうに、より大きな快感を覚える人が多いから、今ウワサは激化する一方なのだ。

そして、人と人のつながりにおいては、悲しいけれども〝ウワサ話〟や〝人の悪口〟で成り立っている友人関係も、世の中決して少なくない。その関係から、〝ウワサ話〟や〝人の悪口〟を取ったら、何も残らないような仲良しグループは少なくないし、会話の八割九割が人のウワサ話っていう、おしゃべり仲間は、決して少なくないはずなのだ。

でももしも、そういう人間関係に何らかのギモンを感じるならば、誰かから聞く快感だけで、もう充分と考えてみる。百歩譲って、面白いウワサを耳にした時に、ある種の〝快感〟を禁じえないのが人間だとしても、聞く快感だけで止めておく。自分が言い伝えていかなければ、その分早くおさまるわけで、ウワサをそこで広めない、終わらせる快感もなかなかいいものだ。〝明日は我が身〟かもしれないし。

ほめない人

人をほめない人は、自分がイチバンと思っている人

人をほめる人とほめない人、世の中には決定的に二種類の人がいる。ほめる人はいつも何となく人をほめているが、ほめない人はどこへ行っても誰と会っても人をほめない。じつはこの、人をほめないことが、人間関係につまずく大きな要因になっている気がするのだ。

たとえば何かの企画書を作ってそれを上司に見せた時、ウンでもスンでもなく、黙っていられたらどうだろう。一体いいのか悪いのか、何も感想はないのか？とイラだちを覚えるはず。

そこで「ここはダメだけど、ここはなかなかいいね」と、一部分でもほめてくれたとしたら、それだけで天国、三日間徹夜をしていたとしても報われる。そして何より、その上司を好きになる。単純に次もガンバッちゃおうと思えてしまう。

〝ほめる〟は相手に想像以上のパワーをもたらすとともに、この人は自分の味方、信じられる人、そして自分に関心を持ってくれる人という安心を生む。「ここは

いいね」の、たったのひと言で。

人が人を口に出してほめる、それがいかに大切なことか。心で思うだけじゃダメ。やっぱり口に出すべきだ。同僚だろうが友達同士だろうが一緒。相手の何かを口に出して声に出してほめるだけで、人間関係はたぶん面白いようにうまくいく。

ちなみに「その洋服どこの？　カワイー」も、ほめたことには違いないが、それでは人間関係を円滑にするまでには至らない。相手がしたこと、作ったもの……あくまで相手の能力自体をほめなければ意味がない。そしてもっと大事なのは、お世辞は言っても意味がないってこと。人をほめる時こそ正直であれ。

でも、相手にほめるところがなかったらどうするの？　いや、そう思ってしまうことが、人間関係を苦手にする最大要因。人に対して友好的で、自分自身が謙虚であれば、人は人の良いところを何かしら見つけられる。ほめない人は、自分にしか関心がなく、だから良いところが見えないし、認められない。

つまり人をほめない人は、ほめない主義だからほめないんじゃない。ほめられないのだ。ほめる能力がないのだ。人間関係をうまくいかせないのは自分。相手じゃない。人をほめる心を持たない自分なのだと、知っておくべきである。

愚痴の多い人

愚痴は〝悪口〟よりずっとつまらないから嫌われる

愚痴……言う人はのべつまくなし言っているが、言わない人はぜんぜん言わない。それが何を意味するのかと言えば、愚痴をまったく口にしなくても、人間ぜんぜん生きていけるのだということ。

そもそも、愚痴の意味は、〝言っても仕方がないことを言って嘆くこと〟。多くの愚痴は、カゲでコソコソと語られ、本当の敵にはまず届かない。いや、届いてしまったら困るから、人はカゲで愚痴るのだ。直接文句を言う勇気があったら、愚痴にはならない。だからこそ、愚痴は〝言っても仕方のないこと〟なのである。

じゃあ人は何のために愚痴るのか。ひとつにはもちろん〝憂さ晴らし〟。「ねえ、愚痴を言ってもいい?」と断ってから話し始めたりするくらい、それは不満を吐き出す、わりに身勝手なリラクセーション。でもそれ以上に、誰かにその不満を理解してほしい、そーよね、そーよねと言ってほしい。それで自分を正当化し、ホッとするためのものと言ってもいい。

もちろんそうやって悪気を口から出すと、二度と体内に戻ってこないなら、それもいい。でも愚痴はチューインガムみたいなもので、一度誰かに聞かせた愚痴をも家に持ち帰り、また次の日も同じように繰り返せるくらい再生力の強いもの。

敵に直接言わないし、解決の道もないから、愚痴は体の中で決して死なない。死なずにどんどんたまっていく。だから愚痴を言う人は、ずっとずっと言い続ける。毎日でも愚痴ってる。愚痴も中毒になるのである。つまり何日も愚痴らないでいると、体の中が悪気でいっぱいになり、吐き出したくて仕方がなくなるのだ。

一方で、愚痴は聞くほうも辛い。

〝人の悪口〟はまだ聞き手にとって蜜の味、ある種の快感を持って聞けるが、愚痴は聞き手にとっては、何のうま味もない。同じ愚痴を共有できない限り、繰返される愚痴は、第三者にとってひどく不快なものに他ならないのだ。

結果、愚痴中毒になっている人間からは、やがてみんな離れていく。そして一番コワイのは、愚痴を言う女は単純にみんな〝人生に退屈した女〟に見えることだろう。それが、知らないとコワイ愚痴の正体。もう口に出せないはずである。

自慢

自慢話を口走る人に必要なのは、自分と相手の比較だ

〝他人の自慢話〟を聞いて、心地よいという人はいない。なのに自分の自慢話をうれしそうに言う人がむしろ増えているという噂《うわさ》。

原因は案の定〝少子化〟で、子供ひとりひとりに目が行き届くほどに、子供は良くも悪くも〝いい子〟になり、子供の自慢話に尚一層親が目を細め、重ねてあなたはイイ子、スゴイ、さすが、とさらに誉《ほ》めあげる。自慢話をしたのに、さらにいっぱい誉められてしまうしくみが、大人になってから、無意識に自慢する心的傾向をもたらすらしい。

身に覚えのある人は、くれぐれも注意したいが、ある意味、素直な人ほどうっかり知らないうちに自慢話をしてしまっている、ってことないだろうか？　いや、本人はしごく当たりまえに、自分を語っているだけ、それでも他人には嫌味な〝自慢話〟に聞こえてしまっているケースが意外にも多いということなのだ。

その原因は、相手と自分のポジションを瞬時に比較できないことにある。他人

と自分を比較するのは、基本的にはいけないことというけれど、でもそれは、相手のほうが何かと恵まれていた時の話であり、いつもいつも自分が相手をうらやむ立場になるとは限らない。むしろ、自分のほうが明らかに恵まれている場合だってあるわけで、そういう自分の立場を即座に自覚しないから、聞かれもしないのに、〝相手を平気で上回る自分〟を披露してしまう。

いくら裏表がなく、開けっ広げの性格でも、そういう不用意自慢に気をつけないと、やっぱり非常識で頭の悪い女に見えてしまうんである。

たとえば、聞かれもしないのに、親が会社経営だとか、ハワイにも家があるとか、一族みな東大出の家で、みたいなことから、自分はモテたとかカワイかったみたいなことまで、自慢に聞こえる事柄は、言っていい相手と言っちゃいけない相手がいて、今自分はどちらと話しているのか、瞬間瞬間いちいち意識すべき。会話の最中、片時もその立場の計算を忘れちゃいけない。

そんなの疲れるし、不自然と思うだろう。でも人付き合いっていうのは、ある意味そのくらい疲れることだし不自然なものなのだ。せめて自慢に聞こえる可能性のある話は、相手と気持ちがつながってから。それからだって遅くない。

手前味噌

いい自慢と悪い自慢の境目は〝説得力〟にある

ただ、自慢にも二種類ある。不愉快じゃない自慢もあるのだ。確かに、知らないうちにさりげなく〝自画自賛〟している人っている。また、堂々と何かを自慢しているのに、その場が盛り上がるだけで、別に誰も腹を立てない人っている。自慢がうまい人っているのである。

その境目は一体どこにあるのか。まず〝手前味噌《てまえみそ》〟という言葉があるが、これは「手前味噌だけど、このケーキおいしくできたのよ。食べてみて！」などというふうに使うが、文字通り〝自分で作った味噌の味〟を自慢する意。でもそこにあるのは自慢ばっかりじゃない、相手においしいケーキを食べてほしいという素直な想いがあって、だから人を不愉快にしないのだ。自慢もあるが、相手にも幸せを半分あげる……そこが、〝許される自慢〟のカギなのである。

しかもケーキのおいしさなら、その場で確認できる。つまり、言ったそばから相手を説得できる自慢なら、誰も文句を言わないのである。

　ひっくり返せば、人をいちばん不愉快にするのは実体のないこと、確かめようもないこと、そして相手の利益にまったくならないことの自慢。自分は学生時代めちゃくちゃモテたんだみたいな話は、もはやどうにも確かめようがなく、また周囲はそれによって何の利益も得ないし、少しも幸せにならない。だから、大まじめに言うほどヒンシュクを買うわけだ。

「景色もキレイで広々しているし、ウチの実家は本当にいいところ。それにウチの両親もすごくイイ人なんだ」とくると、一瞬ハイ？　と思うけど、「だから遊びに来てほしいの」がつくと、ちょっと心地よくなる。自慢も、相手のために上手に操れるようになったら人付き合いは本物。

　ちなみに「これ、おいしくないと思うけれど、食べてみて」と言われて、異様においしいと逆にほんの少しだけ不愉快になったりする。必要な自画自賛もあるってことなのである。

迷惑

人に迷惑をかけないと親に約束した人の勝利

小さい頃、親にいちばん厳しく言われたことって何だろう。当時は〝小言〟にしか聞こえなかったのに、大人になるとそのルールが自分のモットーになっていたりするもの。言うまでもなく、子供のうちはなぜそうしなければならないのか、その理屈がわかっていないが、大人になるにつれ、なぜ親が口をすっぱくしたのか、しだいに謎が解けてくる。しかも、気がつけばそれがすっかり身についていて、自分の価値観のベースになってしまっているという形……。

しかしそれは、単なるモットーにとどまらず、人間形成レベルにも多大な影響を与えている気がする。なぜなら、それぞれの親に同じことを言われ続けた人々は、大人になってから、同じ匂いを発するようになるからである。

とりわけ強くそれを感じるのは、〝人に迷惑をかけないこと〟をいちばん厳しく言われ続けて育った大人たち。彼らは明らかにみんな同じ匂いを発している。少なくとも、彼らは親に「あなたがイチバン！」と言われてきてはいない。愛情はたっぷりかけられても、愛されすぎてはいない。

世の中何でも自分の言いなりにならないこと。他人に何かを依存してはいけないこと。自分のことは自分でしなければならないこと。人の身になってもの事を考えなければならないこと……。たぶん彼らは何となく、それらをひっくるめて教えられてきたはずで、だからみんな同じ理性と、同じ優しさと、同じ価値観を持った大人になっていったのである。

〝人に迷惑をかけないこと〟は、裏を返せば〝人の痛みがわかること〟。ただひたすら人の手をわずらわせないことよりも、こうしたら人はイヤがる、こうしたら人が困る、こうしたら人が悲しむといった具合に、人の心が読める人格がつくられていくのである。

結局のところ、大人になって同じ正しさを放つのは、みんな〝人の気持ちが読める大人〟。同じ清潔感を放つのは、とにもかくにも〝人に迷惑をかけないこと〟を親としっかり約束してきた大人。

さあ、今あらためて思い出してみよう。あなたが親に口うるさく言われ続けてきたことって何だったか。

もの忘れ

お金を貸した人は、借りた人の十倍、それを忘れない

「最近、もの忘れが激しくて……」

人がそう言いながら少し落ちこむのは、〝もの忘れ＝脳の老化〟と考えるからだが、原因は老化だけじゃない。たとえば睡眠不足。

記憶は眠っている間に脳の中で整理されていて、記憶を固定するのも睡眠中。だから眠りが足りないと記憶が脳の中のリストに記帳されず、ふわふわと浮遊する。それを引き出す時に、のろいパソコンみたいにとっさに答えが出てこないのだ。

しかし、老化も寝不足も関係なく、人は取るに足らない都合の悪いことは忘れる習性をもっている。特に、対人関係において、相手に何かの被害損害を与えたことを、私たちはけっこう忘れやすい。しかも困ったことに、逆にやられた側になると、それを決して忘れない。だからいろいろ悲劇も起こるのである。

たとえば、うっかりお財布を忘れてランチに出て、八百六十円くらいを同僚に

借りてランチをすませる。その時、借りたほうより貸したほうがそのたかだか八百六十円を忘れない。借りたほうは返さないつもりなんてぜんぜんないのに、貸したほうはその相手の顔を見るたびに「この人、返さないつもり?」と思う。仲良しだった同僚もただの〝返さないヤツ〟になってしまうのだ。

国同士の関係でも、侵略されたほうとしたほうの記憶の精度がぜんぜん違うから、いろんなことで不協和音が起こるように。

たぶん、ランチのお金の貸し借り以上に、日々の心の行き違いにおいて、傷ついたほうは傷つけたほうより、その事実をいつまでも忘れないもの。半永久的に覚えている。そして、傷つけたほうがそれを忘れかける頃に、傷つけられた側はもっと強く激しく、記憶をあらたにしているものなのだ。

やったほうよりやられたほうが忘れない……人の記憶にはそういうメカニズムがあることを肝に銘じておきたい。せめて借りたお金と、〝人を傷つけたこと〟だけは脳に刻みつけておかないと……。

あけすけ

〝あけすけ〟とは自分に不利なことを正直に話せること

〝裏表のない人はいい人〟……これは昔からの常識である。でもこの〝裏表がないこと〟を間違って理解している人も少なくない。本来〝裏表がない〟とは、人から見えるところと見えないところで、態度が違ったりしないこと。つまり〝カゲで悪口を言わないこと〟を指す。

ところがそれは、単に〝ズバズバとモノを言うこと〟と曲解されがちでもあった。何も包みかくさず、感じたままをストレートに口に出す。それを〝裏表がない〟と取り違えている人が少なくない。そして〝あけすけ〟にモノを言う人は、根がいい人でカッコいいという偏った見方を生んだのだ。

でもつい先日、ある離婚会見を見てふと思う。〝あけすけ〟にモノを言うことは少しもカッコよくないって。〝いい人〟はこういう時、あけすけにモノは言わないって。

少なくとも、相手のある離婚では自分の気持ちを〝あけすけ〟に言えば言うほど、相手を傷つけることになる。〝価値観が違った〟のは仕方がないこととして、それによって結婚後まもなくから、自分がどれだけ苦しんだかを、その人は切々と語るのだ。そんな話は今更他人にしてもしょうがないのに。性格のズレで自分がどれだけ苦悩したかを一方的に語ってしまうと、結果的には相手の悪口になる。むしろここでは、正直に語るよりも黙ることがカッコよさだったはずなのだ。

何も包みかくさずモノを言う〝あけすけ〟の魅力って、確かになくはないけれども、あくまでも〝自分に不利なこと〟を包みかくさずに言うのが〝あけすけ〟のマナーであると思う。自分にマイナスになることとも口に出せること……それが魅力的な〝あけすけ〟なのである。誰かが不利になるようなことを包みかくさずに言うのは、単なる〝誹謗《ひぼう》〟であり、それをあっけらかんと語ると〝嘲笑〟になってしまう。〝裏表がない、いい人〟とはまったく意味が違うのである。

本当の意味で、裏表のない人は、他者が関わっている時は黙して語らず。たぶん〝裏表のなさ〟には大らかさや優しさ、公明正大さが大前提となるのだろう。単に正直ならいいという話じゃないのだ。

少なくとも、大人が〝正直さ〟を貫くには、ルールがある。誰も傷つけない、という責任感をもたなきゃいけないのである。

ズルイ人

人間、ズルくなければ何とかなる

「ズルイ！」と、面と向かって言われる時、そこに深刻さはもちろんない。外出しているうちに同僚が先にランチをすましちゃったとか、自分も行きたかったバーゲンにお友だちがひとりで行ってしまったとか、まったく他愛のないことばかりで、多少の本気が入ってくるのは、自分より先に結婚が決まった友人に、お祝い少々、やきもち半分の冷やかしを言う時くらい。

日常的に使われる「ズルイ」は、むしろ自分の我がまま、自分の欲張りが通らなかった時の悔しさを、ちょっとカワイく言う言葉。だから、女が男に対し、ちょっぴりスネてみる時などに使うと、これがじつに効果的だったりする。

けれども、陰口悪口で使われる「ズルイ」は、かなりの深刻さを孕《はら》んでいる。いや、人は世間に〝ズルイ人間〟と指摘されてはぜったいにいけないのである。〝人間、ズルくなければ何とかなる〟くらい、それは人として決して宿してはいけない心。あらゆる性格のエッセンスの中で、人間をいちばん醜く見せるのが、〝ズルさ〟だからなのである。

しなければならないことを巧みになまける、自分の落ち度を巧みにごまかす、自分が利益を得たりするために、巧みに立ち回る……という具合に、ズルさには必ず〝巧み〟という形容詞が入っている。〝狡猾《こうかつ》〟の意味は、ハッキリ「悪賢いこと」と辞書に書いてある。問題はこの巧みさ、悪賢さなのである。

「頭のいい人間にはかなわない」と言うけれど、ズルイ人間は知的なだけにある意味〝最強〟。だから仕事場でも出世が早かったり、ある種の評価が異常に高かったりする。多少のズルさがないと、事業が成功しなかったり、政治家になれそうになかったりするように。

しかし、もしも〝ズルイこと〟が周囲にバレてしまったら、それは人間として致命的。「あの人ってズルイよね」と陰でささやかれるようになったら、女もおしまい。嘘《うそ》つき同様、ズルさも一生治らない。嘘も嘘を重ねるが、ズルさもズルさを重ねていきやすく、しだいに人間がズルくなっていくからマズイのだ。

確かに人生は、ズルく立ち回ったほうがうまく運ぶ時もある。でもズルさはあくまで自分の〝例外〟にして。板についてしまったら、人間が危ない。人生も危ない。

第五章

〝行動〟の躾

スペシャルマナー

自分の格を上げるためのマナーはもういらない

「取りあえず、この程度は知っていないと恥をかく」。マナーとはそういうもの、と思っていたはず。

しかしマナーとはある意味で諸刃《もろは》の剣《つるぎ》だ。「わたしのマナーは完璧よ」などと思っているうちは、知識は陳腐なマニュアルと化し、それどころか知っている分だけ、人を威圧し、傷つけ、恥をかかせることにもなりかねない。これはなぜかと考えれば、多分〝心〟のあるなしなのだろう。マナーを知識として捉えている限り、心のマナーは、その人の中から、ふっと逃げていってしまうものなのだ。

でもだから〝マナー本を一冊くまなく読むこと〟をお奨《すす》めしたい。重ねて言うが、マナーとはマニュアルを記憶することではない。マナーは体に入れ込むものなのだ。だから一度じっくり体にすべての知識を浸透させたら、後はそれがマナーであることをキレイに忘れる。その人の中でマナーがマナーでなくなった時、初めてマナーの心が見えてくる。それができた人は、決して人を傷つけたり、貶《おとし》めたりすることはないだろう。

当然のことながら、人間一人で生きていくのなら、マナーなどいらないのだ。冠婚葬祭を例にとるならば、その場所で一番のマナーは、主役であるその人に集中する、心の〝視線〟を持つことだと思う。結婚式場を見渡しても、二人を祝う気持ちに集中している人は、案外少ないが、そういう人はちゃんと光ってる。やはり他の人とは違う輝きを放っているものだ。真剣に何かを見つめるたとえに「自分の心臓に目があるつもりで」という言葉があるが、体全体で集中し、胸の中心、心の方向を見るべきものに向けている人は、単なる立ち姿であっても、たたずまいが違って見えるのである。

人の話をきちんと聞くのが今までのマナーなら、二一世紀はその集中力によって、相手を逆に感動させるまでをマナーと呼ぶようになったらいい。

集中力がこもった目線は、まるで引力のようだ。不思議な力で相手を惹きつける。他人と関わることがマナーであるならば、それは人への集中力として、自分以外の人のためにこそ、使われるべきものなのだ。自分の格を上げるためのマナーは、いらない。

お箸のお行儀

〝お箸の話〟はフォークを持ってする話だ

生まれて初めて格式ある料亭などに行った時、不思議なモノで、器を持ったり置いたり、フタを取ったり置いたり、日頃何も意識せずにやっている当たりまえの行為が根拠なく間違っている気がしてしまう。とりわけ、お箸の持ち替え方や箸置きへの置き方は、ルール通りに所作していても、何だかわからないが明らかに違う気がしてしまうのだ。

そんな会席料理の席で、ある男性がいきなりこう言った。「僕ね、どうしても許せないのがお箸が正しく持てない人なんだよね」

誰だって、箸が止まる。箸の持ち方は〝平泳ぎ〟みたいなもので、自分では正しくやっているつもりが、他人から見るとどこかヘンだったりするのは、よくあること。人差し指と中指の間の箸が二ミリズレていたら、その男性にとってはもう〝どうしても許せない人間〟になってしまうということで。だから、その後の有り難い会席料理がほとんどのどを通らなかったのである。

お箸の持ち方は、確かに〝日本の家庭の躾〟における基本中の基本だし、お箸という〝生きる道具〟に細かく気を配れない人は人として恥ずかしいみたいな考え方は、決して間違ってはいない。だから日本人は、〝お箸のこと〟には妙にムキになりがちだ。家でもナイフやフォークを使う家庭が多くなった今、お箸のお行儀は、むしろ以前より重要視されている。

〝どんな男性が理想？〟と聞かれて、「たとえば、お箸をキレイに使える男性」と答えたら、その相手に妙に気に入られて、速攻で結婚。……そんな話も聞いたことがある。でも、お箸は躾のない人間にとっても、生きる上での大事な道具。他人が今まさにお箸を持って、ものを食べようとしている時に、箸のお行儀をふりかざして、相手の箸を止めるってどうなのだろう。

お箸はやっぱり、日本人の価値観をどこかで牛耳っているのは確か。だからこれが、フォークを使う食事の席での話なら、〝お箸のお行儀話〟は〝躾のある人〟の洒落た話題にもなりえただろうに。

両手づかい

人のお行儀は結局手に宿る。片手ではなく両手に

タクシーでお金を払おうとした時、運転手さんがこう言った。
「片手でいただいて、申し訳ございません」
私は思わず、おつりを両手で受け取った。そして、何だか久しぶりに、両手と片手の大きな違いを思い出しながら、タクシーを降りたのだった。

名刺やお金やいただきものを両手で受け取るのは、言うまでもなく、マナーである。人に何かを頼むときも両手で、は基本。でも名刺はともかくとして、わざわざ両手を使うって、けっこう労力がいることで、体が勝手に両手を使うほど両手マナーが身についているか、片手ですますことに心が痛むほど〝心に躾がある人〟か、そうでなければ、いつもするっと両手が使えるほど、人間の体はやわらかくできてはいない。体が覚えていないと、とっさに両手は出せないものなのだ。

だから、知ってはいてもついつい省いてしまう両手づかい。

それだけに、タクシーの運転席から斜め後ろの席に〝片手で失礼いたします〟

と言ったあの運転手さんに、何かハッとさせられた。何でも片手ですます日常にも、両手を添えると美しい場面ってきっといっぱいあるわけで……。

レストランで見終わったメニューを「じゃ、お願いします」と店の人に渡す時、あなたは両手を使うだろうか。オフィスで書類を手渡す時受け取る時、すべて両手を使うだろうか。「お電話ですよ」と人の前に受話器を差し出す時、ちゃんと両手で差し出せるだろうか。そして、ごはんのおかわりを頼む時、両手でお茶わんを差し出せるだろうか。

これらは、自然に両手を使える人にとっては、バカみたいに当たりまえのこと。でも、両手を使わずに生きている人には、何とも面倒、何とも厄介な作業。ただこれは大人の所作。二十代こそ両手を使える人になるかどうかの分かれ道。だから今のうち、意識して両手を使おう。

たぶん、人の体の中でいちばん端的に相手への気持ちを表すのが手なのだろう。片手は作業、もう一方の手を添えればそれは〝心〟になる。そして両手を使うと、否《いや》が応でも胸がまっすぐ相手に向くから、それだけで心根のやさしい女に見えること、覚えていたい。

コーヒーカップ

コーヒーカップにこそ表れる仕草の躾

人がエレガントであるとは、どういうことか？　を考える時、私は決まってコーヒーカップを思い出す。コーヒーカップでもティーカップでも、日本茶を飲むお湯飲みでもいいけれど、あれをどう持ち、どう扱うか？　そこに女のエレガンスの最終的な量が表れると確信するからなのだ。かといって、〝小指を立ててはいけない〟とか〝お皿のほうを持ったまま飲んではいけない〟とか、そういうレベルの話をしたいのではない。

「お茶がキレイに飲める人は、心穏やかな人」

そう思うからなのだ。お茶がなくても人は生きていけるけど、〝お茶〟を飲む時間のない暮らしは、あまりにも殺伐としている。だから、その無駄な時間をどれだけとれるか、またその無駄な行為をどれだけ美しく形づくれるかに、人の優雅さが表れても不思議じゃないから。

カフェで目立って美しくお茶を飲んでいる人を見かけると、きっとあの人は気持ちの安定したやさしい女性なのだろうと、誰もが感じるはず。それは〝お茶を飲む行為〟そのものが心のゆとり、暮らしの優雅さの、絶対のバロメーターになっているからに他ならない。

確かにコーヒーカップの類は、多くの場合、会話したりくつろいだりする時に、人と一体になるもの。つまり〝液体を飲むための容器〟である前に、会話する人と人との間で時間を取りもったり、ひとりでくつろぐ時は〝深呼吸〟のように人をいやしたり、何か人にとって道具を超えてしまっているようなところがあるわけだ。だからこそ、コーヒーカップの扱いには、心のうちがそのまま出てしまうのである。

さらに、こんな説もある。人のエレガンスの量は、誰もいない部屋でひとりお茶を飲む時に、コーヒーカップをぞんざいに扱わない、どこまでやさしくていねいに手に取れるかどうかで決まってくるという……。

明日からお茶を飲むたびにこの話を思い出してほしい。心のゆとりや心の穏やかさを測る道具。それをやさしくていねいに使うことが、逆に心穏やかな女を作っていく。あるいは、生涯でご飯茶碗《ぢやわん》より持つ回数が多いコーヒーカップには、そのくらいの力はあると思うのだが、どうだろう。

字格

字には要するに〝精神年齢〟が出る

字を見ただけで、それを書いた人のプロフィールがぼんやり見えてくることがある。いや、字はほとんど人の魂の形。

女子高生全員が、まったく見分けのつかない丸文字を書いていたのは、みんなと一緒でありたい、一人浮き上がりたくないという〝群れ願望〟の表れだったという見方もあるくらい。

従って、キレイな字を書く人は、理屈を超えて美しい人のイメージがあるし、着飾った美人がへたくそな字を書いた時の落胆は、美人のストッキングが激しく伝線しているくらい、大きなものがある。

もっと悲しいのは、キャリアもあるカッコイイ女が、妙に幼い印象の字を書いた時。何かダマされたような気がするはずだ。

そう、きたない字はまだ許せる。許せないのは幼い字……。字はその人が生きてきた年数の分だけ、熟成しているべきものだからである。

中学生の頃、大人みたいな字を書く生徒がいた。私は彼女に憧れた。気がつくと、その字への憧れは彼女自身に対する憧れに変わっていた。彼女は書く字と同様、十代前半の女の子にはチグハグなほど、冷静なものの見方ができる生徒だったから。

この時、字の正体を何となく知ってしまう。字には、その人の〝精神年齢〟が表れる。世の中を、人生の機微を、どれだけわかっているか……それが精神年齢の基準だとすれば、字は明らかに精神年齢を測るものさし。だって人は、考えを文字にしるす。だから自分の書いた字を見ていると、鏡に自分をうつしているような気持ちになるはずなのだ。

従って、大人の顔して生きている大人は、間違っても幼い字を書いてはいけない。腰の曲がった八十は超しているだろうおばあさんが店番をする店で買い物をした時、領収書を下さいと言ったら、驚くほどの大人の字で上様の上を書くのを見た時、やっぱりと思う。〝上〟の字ひとつに凝縮された人生の厚み。成熟しきった精神。いつかそういう〝上〟が書けるような年の取り方をしなきゃと、身が引きしまる想いだった。あなたの字は今〝何歳〟だろうか？

お見送り

見送る姿はこの世でいちばん美しい余韻である

二度行くほどは美味しくない店で、食事をした。なのにけっこう混んでいて、出てくるものにイチイチ間がある。一層、二度は来ないだろうと思ったが、店を出ようとすると、そこのマダムと店のスタッフ一人が一緒に出てきて、ずっとずっと私たちを見送っていて、結局私たちの姿がまったく見えなくなるまで、何度となく会釈を繰り返した。私たちも何度となく振り返り、どうもどうもを繰り返さなければならなかったが、結局その店にはまた行ってしまった。

いわゆる銀座《ぎんざ》のクラブなどでも、すっかり散財してしまったと思っているお客ほど、なるべく派手に手厚く長く見送ることが、再度店に来てもらう秘訣《ひけつ》らしい。

終わりよければすべてよし。それまでいかに愛想がよくても、会計後に客の顔を見ない店には、二度と行かないが、見送りだけがしつこい店にはまた行ってしまったりする。人は〝尻すぼみ〟より〝尻あがり〟のサービスに弱いものなのである。

日常の人付き合いの中で、「あ、これが友情だ」とその場で気づく瞬間はそうそうないはずだが、唯一この時！　と言えるのが、別れ際である。「じゃあまたね」とか言って、体が離れていく時に、お互い二度と振り返らない者同士だと、〝これ！〟という瞬間には出くわさないはずだが、どちらからともなく振り返っては手を振り、また振り返っては手を振りと、しつこくやっている時には必ず、〝友情〟という二文字が頭の中でポッカリ浮かぶ。

人付き合いは、会うたびごとに一回一回が小さなドラマなのだと思う。そして長い付き合いになるかどうかは、一回ずつの終わり方にかかっていると思うのだ。余韻を残すかどうかという。

じゃあまたとか、バイバイとか最初の別れの言葉で一応の幕が下りるが、そのあと何度も振り返り何度も手を振れば、それはそっくり〝余韻〟。言わば人と人とのカーテンコールなのである。

それを体験すると、人っていいものだななどと必ず思う。そのせいか、私の友達はみなバイバイのあとがしつこい人ばかり。ともかく一度振り返ってみよう。片方が振りむかなければ、幕はそこであっけなく下りてしまうのだから。

エレベーターの中

密室の数秒の振る舞いに、〝人〟は出る

某一流企業のエレベーターの中。一緒に乗りこんだ社員が、さっと階数ボタンの前に立ち、「何階にいらっしゃいますか？」と全員のボタンを押し、自分が降りる瞬間〝閉〟ボタンを押したから、扉は即座に閉まった。彼女はもちろん、出ていきながらの軽い会釈は忘れない。〝企業の質はエレベーター内の社員に出る〟って本当だと思った。

しかしそこで扉がすぐには閉まらなかった時、エレベーターの中には少し気まずい空気が残される。また、次に降りる人も、同じ気配りをしなきゃマズイんじゃないかと緊張するかもしれない。ボタンを押しながら出ていく人は、そういう波紋を残すこともきっちり計算して、時と場合を選んですべきなのだろう。

かくしてこの密室には、人の質がかなり凝縮された形で表れるのである。

後からギリギリ乗りこもうとする人のために扉を押さえる人、平気で閉める人。我先に降りる人、どうぞどうぞと最後に降りる人。定員オーバーでブザーが鳴っ

ても、最後に乗ったのにテコでも降りない人。そういう時に反射的に降りてしまう太めの人。香りのきつい人、息づかいのあらい人。いろいろだが、そういう一瞬の行為、ちょっとした判断が、じつはそこに居合わせた人の脳裏に意外なほど深く刻みつけられるのは、やはり静かで狭い密室だからだろう。

でもそういう数秒のドラマだからこそ、密室を共有する人に対して、わずか数秒間だけ心を向けることって大事なのではないか。別にあいさつしたりニコニコする必要は全然ないが、とっさに何が起こるかわからないから、三百六十度に対しつねに心を配っておく。そういう意識の有るなしは不思議と相手に伝わるもの。

先日もこんな話題が出た。「エレベーターに乗っているだけで、人間、性格いいか性格悪いか、わかるよね」。ホント、わかるのだ。心で他人を見ているか、自分しか見ていないかってこと。人にはちゃんとわかるのだ。

歩幅

歩幅で、人のイメージは決まってた

「この前、○○さんが青山を一人で歩いていたんだけど、元気なさそうだった。何があったのかな」「家庭がうまく行ってないんじゃない？」「いよいよ別れるのかも、あの様子だと」みたいな会話は、女同士でよくかわされるが、そういう時に〝元気そうだった女性〟はあまり話題にのぼらず、〝元気がなさそうだった女性〟だけが、必ず噂話のネタになり、要らぬ詮索にあうことになる。うがった見方をすれば、世の中はそういうちょっとネガティブな噂話をしたくて、元気なさそうな女性や、急に老けこんじゃった女性を探しているようなところがなくもない。

で、〝元気なかった〟と決めつけられる材料は遠目の詮索だけに、だいたいが歩き方にあり、そして歩幅にある。広い歩幅でもって、トボトボ背中を丸めて歩ける人はいない。歩幅が広いと、自然に背すじがのびて堂々と見え、「あの人、またフラレちゃったんじゃないの？」とか「あの人、また仕事がうまく行ってないんだ」などとは間違っても言われない。

でも歩幅が狭いと、必然的に速くは歩けなくなり、トボトボする。そういう姿を遠目に見られれば、本人が今日のデートはどこでゴハン食べようかと考えていても、見た人は「自殺でもしそうだった、あの人」となる。一人で歩く時の歩幅には充分気をつけるべきなのだ。


そして歩幅は確かに、いつも一定ではない。急いでいるかいないかや、靴のタイプやヒールの高さ、その日着ている服にも微妙に左右されるが、決め手はむしろ姿勢と目線。

逆に言えば、意識して歩幅を広げてスッスッと歩けば、自然に背すじがのび、視線もまっすぐ前を向く。

そして、そういう歩き方を心がけた日は、自然に心の芯がしゃんとして、本当に溌剌《はつらつ》とした印象を放っているから不思議。そういうあなたを街で見かけた人はきっとこう思うだろう。「何だかあの人、イキイキしてる。それに比べて私のこの覇気のなさは、どう？」

覇気

何かに勝とうとしない限り、覇気は生まれない

ヤル気がなさそうなことを、覇気がないという。話す声に力がなかったりすることを覇気がないという。目に力がなく表情に乏しいことも、覇気がないという。しかし、単なる元気とも違う、何かに立ち向かう力強い気持ち、その気が目に見えること、それを覇気があるというのである。

そして就職の〝面接〟で、試験官はそもそも何を見るのかと言えば、たぶん最優先されるのが、この〝覇気〟だ。

もちろん、就職試験の時ばかりじゃない。覇気はありとあらゆる場面で要求される、人間が生きる上での基本の〝気〟。たとえば、ブティックで、もし店のスタッフに覇気がなかったら、欲しいものがあっても買いたくなくなる。そこまでこちらの気持ちをなえさせてしまうのが、覇気がないってこと。カンジが悪いのとはハッキリ異なるが、カンジが悪い店員にも負けないほど、この人は損をする。

また一方、紹介された人に初対面から覇気がなかったら、たぶん二度と会いた

くないと思うのだろう。というより、もう二度と会うことはないと確信する。そのくらい、人を遠ざけてしまうのが、覇気がないってことなのだ。

けれども、ある場面では私たちも〝覇気がない人〟を許している。失礼ながら役所とか図書館とか、あるいは空港の入国審査とか……。もちろんにこやかにテキパキと対応してくれる人もいるが、中には書類を黙って受け取り、ハンコを押すとなぜかあさってのほうを向いて、その書類を返してくれる、感情がないような人もいる。

でもそういう場面の覇気のなさを受け入れてしまうのは、その仕事には、たぶん勝ち負けがないから。そう、〝覇気〟には、〝覇者になろうとする気性〟という意味がある。野心という意味もある。なるほどその〝覇〟は覇者の覇だったのだ。つまり〝勝ちたいという気持ち〟。ハンコを一つでも多く押そうという負けん気がなければ、覇気など生まれようもないのである。

だから人は、どんな立場におかれても、勝とうという気持ちを失っちゃいけない。昨日の自分に勝ちたいと思うのでもいい。少なくとも働く人間において〝覇気〟は、〝美しさ〟そのもの。だから何としても自分の体から放っていないと。

筋肉こそすべて？

前向きになりたいなら体力をつける。まず腹筋をつける

体力があってこそ、精神もすこやかで危なげのない状態を保てると、昔の人は言った。

でも今まで、その意味をかみしめたことは一度もない。やっぱり肉体は肉体、精神は精神と、心のどこかで思っていたから。ただひょっとしたらそれは、自分がひとまず健康体だったからなのかもしれない。そしてまた、本来が比較的〝楽天家〟で、厭世《えんせい》的にものを考えることはほとんどなかったからなのかもしれない。

それがある時、今までにないほど後ろ向きになっている自分に気づく。しばらくは理由がわからなかった。ともかくあらゆることを悪いほうに考え、朝起きた瞬間から何となく落ちこんでいて、そして機嫌が悪かった。一種のうつ状態にあることはわかったが、何をすればそこから抜け出られるのか、見当もつかなかった。

そんなある日、人と約束していたからと、気重なままスポーツをした。ところ

が久しぶりのスポーツで流れる汗を見た時、激しくホッとしたもの。なんとその日から数日間は嘘のように心が晴れやかで、一転何でも前向きに考えられた。まさかと思ったが、久しぶりに身体《からだ》を動かしたことが、心の向きを百八十度変えたのだ。落ちこみの原因は運動不足だったのか!?

「人間は筋肉がないと、元気になれない。気力を生むのは筋肉だ」と言った人もいたが、なるほどそんな気がして、私は思わず何年もしていなかったエクササイズを始めていた。本当に面白いように心が前向きになる。だが加えて言うなら、健全な精神を作るのは、腹筋だった。

もともと、そこに力を入れると活力と勇気を得ることができるという、おへその下のあたりの〝丹田《たんでん》〟と言われる場所、そこにグッと力を込めるには、確かに腹筋がしっかりしていなければならない。おへその裏側にピーンと力が張っていると朝の目覚めからして違う。目が覚めた瞬間、今日が始まることをうれしく思う、それは眠りから覚めたばかりのほとんど無意識の瞬間だけに、精神を作るのが肉体であることの何よりの証拠。

だから、後ろ向きになりがちなら、まず腹筋をつけるべきである。前向きになりたいなら、まず体力をつけることから始めるべきなのだ。

あなたの魂

魂が抜けたようになったら、ひとまず踊る

友人が突然〝踊り〟を習い始めた。〝成功した女は、なぜか踊り始める〟と言われるが、その友人も管理職になっていた。もちろんハタから見れば、立派な〝女の成功〟。しかし彼女は踊り始めた理由について、意外なことにこう言った。

「何だか最近、自分の体から魂が抜けちゃった気がしてさ」

その感じ、何となくわかった。たぶん、思っているままに体が動かない。逆に体が動いている時は、何も考えてない。〝魂の抜けがら〟まではいかないが、何をするのでも魂がこもらない苛立《いらだ》ちみたいなものをきっと感じていたのだろう。

病気の時、あまりに疲れている時、失恋した時、何もかもイヤになっちゃった時、すべてがおっくうな時、人は体に魂がこもらない感じを体験する。いや、そう感じている場合はまだいい。魂が体にいないことに気づかずに日常を生きてしまう時期が、人にはけっこうあって、そういう時は一切の魅力を発しないから、恋もできないし、仕事だってカラまわりする。お洒落してもキレイには見えない。

その理由がわからないから、ただただ自信を失い惨めになる。無気力が生む不幸は、けっこう悲惨なのだ。

この友人も、管理職になって最初は張り切っていたものの、現場を離れ人を動かす立場が自分に合っていないと思ったとたん、急に気が抜けたようになったという。何をしてもうまく行かず、ヤル気そのものが起こらず、自分が枯れていくような気がしたという。ふと自分の胸からみぞおちあたりが空洞になっている気がしたともいう。そこに力が入らない。魂がそこにないことに気づくのだ。

ゲーテの言葉に「希望は、不幸な人の第二の魂」というのがあるが、これを勝手に解釈すれば、不幸な人は人工的にでも希望という魂を体の中に入れないといけないという意味になる。だから彼女は、人工的にでも魂を体の中に宿すために踊り始めたのだ。

踊る人はみんな言う。踊っている間は、魂の存在を強く感じると。人の魂は、汚れたり、にごったり、消えたりする。だから何をする時も起きている間中ずっと、みぞおちのあたりに自分の魂の存在を感じていてほしい。たぶんそれがあなたの魅力の発信源。イキのいいキレイな魂をもつことを、たまには意識してみてほしい。きっと何かが変わるはず。

エネルギッシュ!!

元気すぎる女性は、人の元気を吸って生きている

世の中には、同じ人間とは思えないほど元気な人がいる。どんな時も溌剌が洋服を着ているようだし、必ず笑顔。こちらまで元気になれそうな気がしてしまう。しかし実際どうなのだろうか。とてつもなくエネルギッシュでしかも若々しい五十代の女性社長に、数名で会いに出かけた男性たちは「す、すばらしい女性でしたよ。エネルギッシュでね、私の元気をあなたがたに分けてあげるわよって言われたし」とみんな口々に言うのだが、なんとなく元気がない。

私はつい「ホントーにお疲れさまでした」と言ってしまう。すると中の一人が急に顔を上げて「そう、疲れたのよ、ものすごく。元気すぎる人に会うと、元気をもらうどころか、じつは精気をぜんぶ吸いとられるって初めてわかった」と言ったのだ。

似たような話はけっこうあって、やはり五十代だが、肌は二十代みたいに若く、エネルギーを放出しているのが目に見えるような女性に、「あなた、私五十代よ、

五十代でこの肌よ。ダメ、そんな歳でそんなに元気のないことじゃ」とハッパをかけられ、なぜかその後二日間寝込んだという話を聞いた。

こういう人たちの特徴として、自分の元気さや若さをまず大々的にアピールし、そして相手のエネルギーのなさをしかる。そうされたい気持ちもあるが、だいたいの人は、この〝荒行〟に耐えうるだけの基本的な元気をもってないのである。

本当に元気をくれる人は、元気が余っている人じゃない。自分の元気を披露するんじゃなく、相手の元気の元、元気のスイッチを、ＯＮにしてくれる人なのだ。つまり人の気持ちを読んで、わからないように相手をほめたりしながら、自分の元気と相手の元気が、ちょうど同じくらいの量になるよう、元気をコントロールできる人と言ってもいい。

人と人が一対一の時、片方が元気すぎると、もう一方はまるでシーソーがバランスを取るように、すーっと冷静になって、相手の元気を支えてしまう。でも結局、その元気を支えきれなくなってどんと疲れてしまうみたいなことが、実際起こりうるのである。

人付き合いがわかってくると、人は相手を見て自分の元気度をコントロールするようになるはずで、だから相手の元気を喰《く》ってはいけないのである。それも躾ある人の大切な心得である。

常連

常連こそ、ひっそりしているほうがカッコイイ

〝一見《いちげん》さんお断り〟の店なんて、今どきもう生き残れないが、看板も出さない、文字通り〝隠れ家〟的なお店は大盛況。〝私は特別〟っていうのが、みんな大好きな時代だからである。

一方で、〝常連〟になりたがる人が多いのは、うがった見方をすれば〝私は特別〟でありたい上に、人間みんな淋しいからなんじゃないか？

行ったお店で、親しげな口をきける常連……それは、対人関係が希薄になりがちな今、ちょっと疑似的な心の触れ合いがもてる上に、関係を切りたければ行かなきゃいいだけ。淋しさを軽く紛らわせるには、とても都合のいい立場だ。

でも自分が常連ではない店に、常連がいた時、感じなくてもいい疎外感を感じたりする。常連の言動によってはじつに居心地の悪い想いをしたりもする。

そういう立場になって初めて気づいたりもするわけだ。〝常連〟にも、センスがいるってこと。センスのない〝常連〟って、妙にカッコ悪い存在だってこと……。

人間は、すぐ調子にのってしまう生き物で、ちょっとした〝立場の優位〟を感じると、急にエラくなったりしてしまう。飛行機の中でもファーストクラスでは、ただ単に人よりいっぱいお金を払っただけなのに、エコノミーの客が〝下界の人々〟などに見えてしまいがち。いや人はたぶんどんな些細《ささい》なことでも、どんな的ハズレなことでも、優越感を感じる場面では人が変わる、そういう生き物なのだろう。

だから〝常連〟っていうだけで、優越感を感じ、何だかしらないが、人が変わってしまうことも起こりうる。〝常連〟の中でも自分は特別とみんなに知らしめたいのか、小さな店だと勝手に厨房《ちゅうぼう》に入ってっちゃったりする、そんな行動も、常連でない客の神経を逆なでする。

もちろん、店にとっても一線を越えれば逆にうとましい存在になりうるわけで、むしろ人として、常連こそどこか謙虚になっておく必要があるのかもしれない。

みんなが〝特別〟になりたい時代、でも大切にされる場面では、かえって謙虚になれる、それが本当の〝特別な存在〟。常連じゃない客に多少とも不快感を与えないのが、その店を贔屓《ひいき》にする常連のセンスなんだと思う。常連こそ、ひっそりしているほうがカッコイイ。

ネジの緩み

〝時間を守る努力〟より、〝目的を果たす努力〟をしよう

〝JR発足以降最大の列車事故〟をきっかけに、日本人の〝時間〟に対する強迫観念が、にわかにクローズアップされることになった。たとえば、アメリカでは〝五分遅れ〟じゃないと、遅れとは認識されないが、日本では〝一分遅れ〟でもう明らかな遅れと判断される、みたいに……。

確かに日本人は時間にシビア。みんなが時間を守るから、〝待つこと〟も苦手。何かが壊れても、日本では遅くとも数時間で、修理の人がかけつける。だから待てない性分になってしまっているのだ。

そういう日本人が外国に行くと、ただの観光でも、サービス業の〝平気で人を待たせる感覚〟についていけずに、一度や二度はキレるだろう。そういうことになれてきた時、日本人は初めて気づくのだ。それは非常識なのではなくて、人間が何かを〝待つこと〟の基準自体がぜんぜん違うのだということに。待つ・待たされるの時間の目盛り自体が、ぜんぜん違うのだということに。

だから当然、そんなに〝あくせく〟せずに、もう少しのんびり生きてもいいんじゃないかと思い直したりする。遅刻をしないために走って会社に行くようなとって、あまり意味がないんじゃないかと。ネジをもっと緩めてもいいと……。

でも一方にこんな事実がある。いわゆる外資系企業では、外国人のトップが会社でいちばん早く出社する、みたいなこと。もっとネジが緩んでいるのだと思ったら、とんでもない。たぶん彼らは一分遅刻しちゃうからと、走ったりはしないが、決められた出社時間より一時間早く来て仕事をすませたりはする。

たぶん、時計は決められた時間のためにあるんじゃなく、自分のためにあり、すべての時間は自分が作っていくという発想なのだろう。〝時間を守るための努力〟はしないが、〝目的を果たすための努力〟はする。そういう違いがあるのかもしれない。

だからただネジを緩ませてもダメ。時間に対する観念を変えるところから始めないと。今自分にとって何が必要なのか？　それが時間を守ることより重要ならそれを優先させる。そういう状況判断ができること、そこからやり直さないといけないのである。

読書美

本を読みふける女は、必ず誰かに見られている

昔、朝の通勤で時たま見かける女性がいた。始発駅から乗ってくるのだろうその人は、私がわりに好んで乗る車両の、いつもどこかの片隅に座っていた。そしていつも同じ佇《たたず》まいで、文庫本を読んでいた。いつの間にか、私は電車に乗りこむやいなや、その人の姿を探すようになっていた。息苦しいほどの人ごみの中では、その人を見た時だけ、〝朝〟を感じられたから。

ただ本を読んでいるだけ。表情も頭の位置も変えず、ページをめくるリズムさえ変わらずに、ただただ本に没頭している他人をじっと見ていて面白いわけがないのに、その人は不思議に私を惹きつけた。

この時私は、女性の肖像画には〝本を読む姿〟を描いたものが妙に多いことに気づく。ひょっとしたらそれは、女性の体からいちばん美しいものが放たれている瞬間だからではないか。ただ描かれるためにジッと座っているモデルの、百倍

も千倍も強い引力を発するから、人は本を読んでいる女性を描きたいと望んだのではないのか。

本を読む人はその体の中で、多種多様な感情をすさまじい勢いで交錯させている。そんな意識の躍動が、体の外まで出てきて、見えない力となって人を惹きつけたとしても不思議ではない。単純にオーラと言ってもいいが、本人は本を読む自分がまさか他人に見られていると思うはずもなく、百パーセント無意識に放たれるオーラには、よけいに強く人を惹きつける力が宿るのだろう。

何よりも、本を読む人間の姿は、じつに清潔だ。仮に邪悪な本を読んでいるのだとしても〝言葉〟に集中している意識は、とても純粋なもの。それが表に出てきた時は、透明な澄みきったものとなる。私は毎朝の電車の中で、その人を見るたび、止めていた呼吸を解き、新鮮な空気を吸いこもうとしていたと思う。

今や、スマホを見る人だらけで、ひっそりと本を読む女性は激減した。でもそれだけに私のように、どこかでふと見かけた〝本を読む女性〟を美しいなあと見つめる人間は、たぶん逆に増えていくと思う。

そしてやがて〝本を読む女〟と〝本を読まない女〟が、ただ歩いているだけで不思議に見分けがつくような時代さえ、来てしまうのかもしれない。

長生きする人

知的な人ほど長生きする

日本は長寿大国、でも私たち日本人にその自覚はあんまりない。自分たち日本人がなぜ長生きなのか、じつはあまり考えようとしない。まず暑い寒いどちらかに偏らない〝四季のある気候〟と、そして和食。長生きの理由はだいたいそれで説明できてしまうが、本当にそれだけだろうか？

言葉は悪いが、九十歳を超えたお年寄りに、死にそうな人はいない。いわゆる〝矍鑠《かくしやく》〟とした印象で、肌の色艶がよかったり、背筋がピンとしているだけでなく、言語明瞭、意見もしっかりもっている。そこに、気候や食事などによる〝健康〟だけでは説明のつかないエネルギーを感じるのだ。単純に言ってしまえばそれが〝生命力〟というものなのだろうが、ここで考えてみたいのはその生命力を生むのは一体何かということ。

思うにそれは、いろんな意味での〝知〟。知性に知恵、知識とそして知人の数。平均寿命よりも長生きしている女性は、何となくだがみんなとても知的であることに気づいたのだ。

男性でも、たとえば財界でまだ活躍している八十代は六十代にも見えるほど若かったりするものだが、女性の八十代九十代は特に仕事をしていなくても、いかにも脳が冴《さ》えわたっている印象。新聞をよく読む女性は長生きらしいし、男性のご長寿よりさらに〝知〟の量を強く感じるのである。

知の量は、言いかえれば視野の広さ。遠くのものや後ろにあるものまで見える目。それをもっていると、歳をとることで〝自分には生きているうちにもっとやらなきゃいけないことが残っている〟と思えるのだろう。

でも視野が狭いと〝自分は生きていてもあまりもうすることがない〟あるいは〝もうあまり役に立たない〟と思ってしまう。人間の体は自分の意志に不思議なほど忠実。することがなく、役にも立たないと思ってしまうと、その想いに忠実に生命力が減っていくのである。

だから、長生きしたければ、あらゆる意味での〝知〟の量を増やしておくこと。人間が本を読まなきゃいけない意味も、ひょっとしたらそこにあるのかもしれない。知的な人が長生きする……医学的根拠はない。でもそう信じたほうが、老いるまでの人生そのものも充実するのは間違いない。

スケッチブック

頭の中がこんがらかったらスケッチブックを広げる

〝若手IT企業社長〟の一人が、仕事ぶりを語った時に強く印象に残ったのは、ふだんメモに使っているのがスケッチブックだったという話……。しかも市販のよくあるA3くらいのスケッチブックで、それをなんと一日に一冊、ほぼ使い切ってしまうというのである。

言うまでもなく、その人は大企業の経営者。おそらくは、いろんな次元のことを一度に考え構築し、あくまでも立体的な答えを出さなくてはならないから、ふつうのメモ用紙ではダメ。A4の集計用紙でもダメ、もっと大きい真っ白な紙を、ということでスケッチブックになったのだろう。何より、発想がチマチマと小さくまとまってしまうから、小さな紙ではダメなのだ。

それにしてもIT社長とスケッチブックじゃ、あまりのギャップ。「もしかして……」と思って、家にあったスケッチブックを〝十年ぶり〟くらいに開いてみた。すると不思議なことに、何かを無性に描きたくなり、気がついたらリゾートホテルのテラスから見た景色みたいなものを描き出していた。こんな絵を描くのも、一体何年ぶりだろう。

　しかしともかく、スケッチブックというものを目の前にすると、人は自分の脳の中にあるものを、ひとまずそこに投影しようとするのだと知った。その時は、ストレスがノドまで上がってきていて、リゾートにでも行かないと枯れてしまう、それをスケッチブックが勝手に引き出してくれたのだ。

　子供の頃は、スケッチブックを開くと、けっこうみんな奇想天外な絵を描いた。〝誰か〟に描かされているみたいに、また夢に見た光景が自然に出てくるみたいに。


　たぶんスケッチブックには、脳の奥に隠れていて自覚していない発想や意識や願望を、そっくり引き出す不思議な力があるのだと思う。

　ノートみたいに束ねられた画用紙だけに、失敗を恐れず、走り書きできる。だから、自分でも驚くくらいの内容がそこに描けてしまうのだ。

　考えがまとまらない時、悩みがある時、何かの企画を出さなきゃいけない時、ムシャクシャしている時、スケッチブックを広げると、そこに答えがあぶり出されてくるかもしれない。それは小さな小さな生き方の知恵……。

事務的と丸覚え

ちゃんと目を見れば、〝事務的〟にも体温が宿る

以前はもっとあったと思う。買い物したり、お茶したりする中で、店の対応に腹が立つこと。明らかにふてくされながら飲み物を運んできて、それをわざわざ乱暴にテーブルに置くスタッフって、以前はもっとたくさんいた気がする。たぶん今は、サービスが悪い店は三ヵ月ともたない時代。つまり、お客の目がシビアになって教育が徹底したのは間違いない。

しかも今どきは、愛想のない女性も、ワケもなくきつく当たる意地悪女性も、そうたくさんはいない。時代的にみんな平均して穏やかになったと言っていい。しかしその代わりに増えてきたのが、事務的な女と丸覚えする女。〝事務的〟とは、ソツのない対応はできるが、ソツがなさすぎて感情がない。無愛想までいかないからよけいタチが悪い。

一方の〝丸覚え〟も、マニュアルをそのままなぞるだけだからやっぱり感情がない。〝事務的〟のほうが慣れとキャリアを感じさせるが、その分ふてぶてしく、

〝丸覚え〟は良く言えば初々しいが、あんまり知的には見えない。

　まあこの〝事務的〟と〝丸覚え〟、どっちもいただけないが、どっちがマシかと考えれば、やっぱり後者。ただし〝丸覚え〟の人はやがて〝事務的〟になっていくはずで、だから今のうちに方向性を正して、ゆとりをふてぶてしさにせず、意識を相手に向けるべき。

　〝事務的〟や〝丸覚え〟が悲しいのは、相手の目を見ないこと。ところが同じ事務的な話も、目をまっすぐ見ながらされると、これが不思議にあまり事務的に聞こえない。言葉以上に、目線が心を射るのだ。空港の入国審査なんて〝事務的〟の最たるものだが、あれだって言葉をひと言も発しなくても、じっと目をそらさず見られると、腹が立つどころか逆にちょっとうれしかったりもしてしまう。

　目の奥まで見つめようとする目線、これさえあれば〝丸覚え〟もちゃんとカワイく見えるのである。だからいっそ、マニュアルが相手の目に書いてあるくらいの気持ちで目に集中する、すると相手がこちらに集中してくるから、接客って面白い、接客って打てば響くんだとわかってくるはずだ。ともかく無関心の時代、視線の集中ほど、相手にとってうれしいものはないのである。

第六章

〝意識〟の躾

浄化

心が洗われることを週一回はしないと、人はすぐサビつく

「ブランドものが大好きで、着飾ることを優先させる母親に育てられた子供は、将来アブナイ……」

昔、ある評論家がそう言ったのを、あらためて思い出す。どうアブナイかは当時よくはわからなかったが。

でも最近、そのアブナさが、何となくわかるようになってきた。たぶん〝イチバン大切なこと〟を間違って教えられると、心のない子になるという意味。着飾ることや見た目がイチバン大切と本当に教えられてしまったら、子供はやっぱり着飾るためのお金が何より大事と思い、お金のためには何でもするかもしれない。ヘタをしたら、人よりもお金のほうが大事と思う大人になるかもしれない。

では逆にこういう母親たちは、子供に何を教えなければならなかったのだろう。おそらくは、〝心が洗われるような話〟を聞かせることや、〝心が洗われるほどにキレイなもの〟を見せること、それを着飾ることより優先させるべきだったのだ。

繰り返し繰り返し、親は子供の心を洗い続けてあげるべきだったのだ。そうしないと、すぐに汚れがついてしまうほど、子供の心は本来無垢《むく》なのだから。

そしてまた、子供の頃に無意識のうちにでも〝心が洗われる〟という経験を積んでいないと、大人になってから〝心が洗われる話〟を聞いても〝心が洗われる音楽〟を聴いても、少しも心が洗われないようになってしまう。何より〝心が洗われるような人〟に出会ったとしても気づかない。〝心が洗われる〟という感覚そのものが育っていかないからである。

極端な話、空気清浄機だって、空気が完全にクリーンな状態を記憶していないと、浄化機能は働かない〝つくり〟になっている。人間の心もクリーンな状態を体験していないと、いくら心が洗われるようなものに出会っても、ぜったい浄化されないのである。

ところで今日のあなたは〝心が洗われた〟という実感をちゃんともてたのだろうか。もしもてたとしても、その感覚を鈍らせないために、週に一回くらいは、あえて心を浄化してくれそうなものに自ら出会うこと。今は意識してそれを取りこまないと、すぐに心がサビつく時代である。ともかく週に一度は、浄化された心を自分の体に記憶させよう。

運気

人の運気とは、要するに体調である

「私は、占いなんてぜんぜん信じてない、私には占いなんか必要ないの」といつも息まいている人が、ある時ぽつりと言った。「最近、ついてない」。

つまり、運は自ら切り開くものという、強い意志をもっている人ですら、気がつけば何か見えないものの力で自分が動かされていると感じる瞬間があるということ。

確かに、百パーセント自分の意志だけで事が進むのならば、三百六十五日前向きであり続ける人に悪いことなど起きようがない。〝ついていない時期〟なんか訪れようがない。つまりそういう強い意志でもかなわない力って何なのか？　じつはその力、〝体調〟なんじゃないかと思うのだ。

占いを信じる人は、運勢とか運気とか神秘的な力を信じればいい。しかしもし信じないというなら、運気とは体調。実際肉体的に疲労が蓄積してくると、必ず気持ちまでが萎えてくる。

　俗に〝腑《ふ》が抜ける〟というと、元気がなくなり、ぼんやりしたり根性がなくなったりすることを指すが、そもそも〝腑〟ははらわたの意味もあり、内臓と精神は昔から同じ言葉で示されてきたぐらい、ほとんどひとつにつながっているのだ。

　つまり、体調がすぐれないから、気力や活力がなくなり、気持ちまでが何となく落ちこむ。だからよいことを自分の力で呼びこめない。周囲の人もしだいに離れていくかもしれないし、彼女にまかせられるはずだった仕事も、他の人のところに行ってしまうかもしれない。それが〝ついていないこと〟の正体で、元はと言えば、何となく下降ぎみの体調だったりすることがとても多いのだ。

　逆を言えば、体調のいい時って何をしてもうまく行く気がする。そこにもうツキがある。運気をよいほうへちゃんと呼びこんでいる。だから運は体調しだいでどうとでもなると言えるのだ。

　ちなみに〝普通の体調〟じゃツキは作れない。〝すこぶる快調〟くらいのレベルじゃないと、運気を高めるまでのエネルギーは出ないのかもしれない。

　だから、体を鍛えるのでもいい、生活環境を変えるのでもいい。目立って元気と言えるくらいになった時、幸運はイヤでも転がりこむのである。

機嫌のいい人

いつも知らないうちに機嫌のいい人は、人として究極

〝気分屋〟とか〝お天気屋〟が人から敬遠されやすいことは、誰でも知っている。しかし、機嫌がくるくる変わらなきゃ、それでいいのだろうか。

〝気分屋〟以外の人は結局のところ、〝基本的にいつも機嫌のいい人間〟か〝基本的にいつも機嫌の悪い人間〟か？　どちらかに属することになる。つまり、〝いつも不機嫌な女〟は気分屋よりマズイことを、私たちは忘れがちなのだ。

問題は多くの人が、自分の基本的な機嫌のレベルについて、あまり気づいていないところにある。

ある女性と会話中、その人が、バッグから何かの薬を取り出してその場で飲んだ。ビタミン剤か何かだろうと思っていたら、それは鎮痛剤。聞けば、その日は朝から激しく頭痛がしていて、ガマンできずに薬を飲んだというのだ。

しかしその人は〝激しい頭痛〟など想像もつかないほど終始にこやかで機嫌がいい。そういえばその人は、いついかなる時も機嫌がすこぶるよく、何かに辛そ

うにしている場面に一度も遭遇したことがない。
「あなたって、頭が痛くっても不機嫌にならない人よね」。思わず私はそう言ったが、本人はその言葉に驚いた。自分の機嫌のよさなど今まで考えたこともなかったというのだ。

なるほど多くの人は、〝自分の機嫌〟をあまり意識していない。〝体質〟みたいに〝呼吸〟みたいに、当たりまえのものになっている。しかしそれが人の印象のすべてを決定しているとしたらどうだろう。その女性といると、いつも楽しいことは前から感じていた。不愉快になったことも、間がもたなかったことも一度もない。必ずまた会いたいと思う。その理由が初めてわかった気がした。

基本的に機嫌がいい、しかもそのよさが程よい。ひとりだけハシャいだりして、一緒にいる人を取り残すような度を超えた機嫌ではなく、安定的な機嫌のよさ。それがそっくりその人の評価の高さにつながっていることに、今更のように気づいたのだ。

さてあなたはどうだろう。歯が激しく痛んでいても、自分が不幸であっても、機嫌よく生きているだろうか。知らず知らず機嫌がいい人……何だかそれ、人として究極だ。

連鎖

悲観ほど、体の中で連鎖する

悲観は移る。特定の環境の中で、悲観はとても伝染しやすい。スポーツの世界にもそれは顕著で、チームの中に生まれた悲観は、たちまち弱いチームを作っていくし、個人競技でも、同じ所属先の誰かが失敗すれば、失敗さえ連鎖する。同様に悲観の感情は、一人の人間の体内でもこわいほどの連鎖反応を起こす。自分はカワイくないから恋人ができない、だから結婚もできない、だから幸せになれない……という具合に悲観的な事柄を数珠つなぎにしていくのだ。

とりわけ女は〝悩む性〟。本来は、すべてバラバラに存在しているべき〝良くない想像〟を、わざわざたぐりよせてきて、ひとつのストーリーを作るのが、女は何より得意なのである。

恋愛がダメだと、仕事も人間関係も全部ダメにしていくことが、女にはよくあるけれど、女は悩みと悩みを絡ませて、一緒に悩むのが得意だからこそ、たちまち〝不幸〟になっていきやすいのだ。

今何となく後ろ向きになっている人に言いたい。あなたは心の中で、ひとつの悲観に〝悪い想像〟をわざわざ絡ませてしまっている。すべてをくっつけて大きな不幸感にしてしまっている。だからそれをほどいてほしい。そして、その原因となった最初の悲観だけを、取りあげて、それだけを小さく悩んでみてほしい。

しかし悲観が連鎖を起こしやすいのは、ある意味でそのほうが楽だから。集団で悲観的になりやすいのも「あなたもダメ?」「私もダメ」というふうに、ダメを共有して安心したいから。体内を悲観だらけにするのも、うまく行かないのは何でもそれがためと思いたいから。そういうふうに思えれば、勇気を奮い起こしたり、努力を積み上げて何かをせずにすむから。悲観の中でいろいろと諦めてしまったほうがむしろ楽という意識が、人にはないとは言えないのだ。

でもそれでは何も生まれない。個人競技の失敗をみんなで分け合っても、その集団から自分を切り離さないと、二度と成功はできないように、体の中に起きている悪い連鎖をまず断ち切ること。外で悪い連鎖に巻きこまれない人だけが勝負に勝てる人。自分の体内で悲観を連鎖させない人だけが、きちんと前に進める人。それは自分に課すべき〝感情の躾〟である。

孤独

人を孤独にするのは、人である

別れるべき相手と別れられない……女性がそういうツボにハマる理由はただひとつ。〝ひとりになるのがコワイ〟から。

妙なもので、浮気な男にイライラさせられたり、「忙しくて会えない」と言われ続けたり、苦痛を伴う恋愛ほど、孤独の恐怖を突きつけるから、よけいに〝ひとりになるのがコワく〟なり、別れられなくなる。孤独が孤独の恐怖を増殖させていく悪循環。

ともかく女はこの、孤独のツボにハマらないよう、上手に身をかわすべきなのだが、孤独はそう単純なものではない。時にとてもひねくれた現れ方をする。

たとえば恋人がいない時は、家族と一緒に住んでいたほうが、孤独を感じないですむような気がするが、じつはこれが逆。恋人がいない孤独は、家族との団らんによってよけいに輪郭がくっきりしてしまうのだ。

反対に、恋人がいない時に〝ひとり暮らし〟はさぞかし応えるだろうと思いきや、これがまた逆。彼氏がいる時のほうが、むしろひとり暮らしの孤独を突きつけられる場面は多くなる。

それも、人を孤独にするのは人だから。ひとりでいるよりも、誰かと一緒にいるほうが孤独を感じ、恋人がいない時よりも、恋人がいる時のほうがよほど孤独を感じるということ。いっそすっかり〝ひとりぼっち〟のほうが、人間は寂しくないという仕組みなのである。ちなみに、うまく行かなくなった夫婦は、ひとつ屋根の下にいることで、よけいにお互い孤独を感じるというが、それもそばにいるのに心が通わない関係が、お互いに孤独を思い知らせるから。

女の孤独は意外なところに住んでいる。そして、人を孤独にするのは、人。恋人であり、家族である。〝ひとりであること〟は大人にとって、むしろ温かい時間にもなることを、覚えておきたい。別れないから、よけいに〝ひとりぼっち〟になってしまうことも……。

後始末

自己中心的なキレイ好きが、世の中を汚していく

パーティとかキャンプとか、あるいはもっと日常的な食卓づくりでもいい、楽しいことの準備と後始末、どちらが好き？　と聞いたら、十人のうち九人が準備のほうが好きと答えるだろう。

イベントでも旅行でも、始まる前と終わったあとの気分は、天と地ほど違い、同じように立ち働かなければならないのなら、誰だって始まる前がいい。楽しいことが終わった〝宴《うたげ》のあと〟、〝祭りのあと〟ほど空しいものはないのだから。

しかしここで注目すべきは、こういう場面での〝後片づけの嫌いな人〟が、家での片づけが嫌いな人とは基本的に別人であること。

たとえば日頃はひどく几帳面《きちょうめん》で、少々ケッペキ症ぎみの人が、ピクニックに行ったら一転、ゴミを平気で蹴散らしたり、捨ててはいけないところにゴミを置いてきたりすること、現実には少なくない気がするのだ。いわゆる〝片づけられ

ない女〟が外ではせっせと片づけをする傾向があるのと逆。

他人が触ったものを触るのがイヤな人はもちろん、自分の身のまわりだけを神経質にキレイにしておこうとする人は、言うまでもなく、自分自身が汚れないことが最優先。そのために、自分が出したゴミを他人のところへ押しやることに罪悪感はあまりない。公共の場でゴミを捨てた時、結果的にいつかは誰かがそれをわざわざ始末しなければならなくなる、という想像力も働かないのだ。

少なくとも、自分のまわりにもうゴミがなければそれでOKというキレイ好きは、もう二度と来ないかもしれない場所ほど、平気で汚せるものなのだ。そして、後始末なんてどうだっていいじゃないと、立つ鳥跡を濁して行くのだ。

後片づけから逃げたくなった時、そのゴミとは何の関係もない誰かが、いつかは片づけなくてはならない現実を、どうか想像してみてほしい。それでも放っておきたくなったら、そういう人はキレイ好きなんじゃなく、致命的に自己中心的なだけ。

自分のまわりをキレイにするあまり、世の中を汚してしまう人の中に、キレイはたまっていかない。自己中心的なキレイ好きがなかなかキレイになれないのは、そのためなのである。

恥

恥をかく人は悪くない。恥ずかしいのは恥をかかせる人

人はいつも恥をかくことを恐れながら生きている。電車に駆け乗ろうとして、目の前でドアが閉まったら恥ずかしい。駅の階段で足を踏み外したら恥ずかしい。エレベーターに最後に乗って、ブーとブザーが鳴ったら恥ずかしい。そんな具合に、通勤だけでも、数々の恥かきを避けながら席につく。

しかし考えてみれば、そのどれもが、何ら恥ずかしいことじゃない。というより、私たちが恥ずかしいと思うことのほとんどで、自分は何ら悪いことをしていない。むしろ同情されてもいいことばかり。でもじゃあ人は、なぜそういう場面をそれほど恐れてしまうのか。

原因はたぶん、小学校中学校あたりのトラウマ。学校で今、お腹《なか》がイタくなってもトイレに行けなくて倒れる子供がいることが問題になっているというけれど、そういうことは昔からあった。

ともかくちょっとしたことでも目立ってはいけなかった。遠足でバスに酔って、

バケツをかかえていたりしてはいけなかったし、着替えをしているところを悪ガキたちに見られてはいけなかった。明らかに同情されるべきことが、〝恥〟になった。集団の中で、一人だけ困ったことになると、必ず好奇の目で見られる、そのトラウマが、大人になってもしっかり残っているのだ。

でも、そういうことが恥になったのは、子供がある意味とても残酷だからで、大人社会がそれをヤーイと言うはずがない。なのに全員がそのトラウマをもっているから、定員ブザーを鳴らした人は、恥ずかしいだろうからと気の毒がられてしまう。だからいつまでたっても、そういう場面を人は恥と思いつづけざるをえないのである。なぜ昔、せめてもお腹をかかえてトイレに駆けこむ子供に対し好奇の目を向け恥をかかせる子供を、おまえこそ恥ずかしいともっともっと厳しく教えられなかったのだろうと、今ごろになって腹が立ってくる。

実際、今の大人社会にも、わざわざみんなの前で「ア、鼻毛生えてる」的なことを言う大人が存在してしまう。日本の〝恥〟の意識をそろそろ変えないと、一日外出するだけで小さなストレスをためこむ女性は減らないのじゃないか。ともかく、世の中の恥のほとんどは恥じゃない。恥ずかしいのは、恥をかかせる人!!

吐露

コンプレックスと秘密は、人に言うとゼロになる

誰にでもいくつかはあるはずなのだ。人には言えないこと、知られたくないこと。それはとても恥ずかしい秘密かもしれないし、強いコンプレックスかもしれない。現実にはバレたって大勢に影響はない、些細なことに違いないのだが、自分にとっては大層なこと。そのギャップが人間のちっぽけさをよく物語っている。

だからあらゆるコンプレックスは、紙に書くと小さくなる。人に言うともっと小さくなる。もちろん平気で人に言えないからこそ心にまったりこびりつき、人を苦しめるのだし、もともとつまらない見栄《みえ》やプライドがあるから、人はコンプレックスを抱え込むわけで、それは簡単にほどけそうでどうにもほどけない固結びになっているだけ。

また秘密にしたい恥ずかしいこと、あるいはうっかりついてしまったウソ……それもまた、つまらないプライドから発生している上に、隠せば隠すほど、自分の中で事が大きくなり、よけいにほどけない固結びとなって、心の闇に発展する。

そんな固結びをほどく方法は三つ。人に頼んでほどいてもらうか、いっそ結び目を切ってしまうか、さもなくばいくら時間がかかっても自分でほどくか？　少なくとも結び目を見つめクヨクヨ悩むよりマシである。

そして、どれを選択するかは、心にこびりついているものの内容しだい。自分の能力以上の仕事をデキるふりしてやっているなら、いっそ仕事を替えてしまうみたいに、新しい人生を始める気持ちで結び目をそっくり切り取ってしまう。さもなければ、自分で克服。たとえば、一度も男の人と付き合ったことがないことが問題なら、マッチングアプリがあると思うこと。でもいちばん簡単なのは、誰かに言ってひとまず楽になることだろう。

根深いコンプレックスや秘密は、それこそ〝痔《じ》〟みたいなもので、誰にも言えずひとり痛みに耐えるからよけいに痛い。しかも何事もないように生活し恥ずかしいからと病院にも行けないから、当然悪化する。だからひた隠すための努力をしてはいけない。それ以上自分の中で育ててはいけないのだ。ともかく自分の中から押し出すこと。だからまず口に出す。何度も出すうちにどんどん小さくなる。生きる上でたぶん一番邪魔で、しかも一番役に立たないものなのだからこそ人に言ってしまえばゼロになる、コンプレックスなんてその程度のものなのである。

無知でいい

〝無知であること〟は時に人を輝かせる

とても横柄で、自信過剰で、自己顕示欲が強くて、だから人があまりよりつかない……みたいなタイプがいたとしよう。

ところがこういう人が、一瞬で周囲を安心させ「案外この人いい人かも」と思わせてしまう〝逆転の要素〟をもつとしたら、それは一体どんなことだろう。

たとえば、ちょっと悲しいドラマを見て、ハラハラ涙を流したりすると、「案外カワイイとこあるじゃない？」と思えるみたいに、人間的な側面を見せられると、〝困ったタイプ〟が一転、〝いいやつ〟に思え、憎めなくなる。

こういうふうに〝本来はイヤなやつなのに憎めなくなる要素〟の中で、案外大きいのがこれじゃないかと思う。知らないことを知らないと言えること。

それは、簡単なようでいて、難しい。人はそれなりのキャリアを積み、それなりの大人になると、知らないことがあるのを恐れるようになる。芸能人の名前、などはどうでもいいが、知性と教養に関わる〝常識〟は、知っていなければならないと思うようになる。だから会話の中に何気なく出てくる固有名詞を「エッ？　それって何？」「それって、誰？」と、あっけらかんと聞き直せなくなる。「そんなことも知らないの？」と驚かれてはいけないと思うようになるのだ。

しかしそこで、ふだんはエラそうにしている人が、十人中六人は知っているような歴史上の人物や、今さら誰にも聞けない一般常識を「私、それ知らない。教えて」と堂々と〝無知〟を認めるような発言をすると、あれ？　この人じつはいい人かも……と、周囲は妙な感心の仕方をするようになるわけだ。

知らないことを、つい知っているふりしてしまった時、人は小さな罪悪感をもちながらも、無知がバレなかったことで自分のランクが少し高まったような錯覚に陥るものだが、ホントは逆。無知を自らバラした時こそ、〝イヤなやつ〟が〝いい人〟へ一発逆転になるほどの効果を生む。知らないことを知らないと正直に言える人は、何でも知っている人より、じつはある意味で尊敬されてしまうのである。

だから大人になるほど、キャリアを積むほど、無知を認める勇気と無邪気さを。

欲

野心じゃなくて向上心を持つ。欲じゃなく意欲を持つ

人間にとっていちばん操作が難しいのが、〝欲〟という感情かもしれない。仕事ができなかったりすると「もっと欲を出せ」と言われ、でも仕事で評価が高かったりするのは案外〝欲がないタイプ〟だったりする。なさすぎてもいけないが、ちょっとでもありすぎると他者に警戒され、でもまったく持たない人が立派と言われたりもする。つまり〝欲〟にも二種類あることは間違いない。持っているべきは向上心としての欲、ありすぎて困るのは野心のような欲……そういうことだろうか？　ただ、二つはかなりキワドイ。向上心と野心は、厳密に言えば〝別のもの〟でも、時々つながってひとつになってしまうこともあるもの。だからこそ、欲のコントロールは難しいのである。

ただ向上心と野心の決定的な違い、それは〝結果〟を前もって予測しているかどうか。同じように頑張っていても、責任者になれるから、給料が上がるからと、

いつも結果を見ながら頑張っているのが、すなわち〝野心〟。結果を予想せずにひとまず脇目もふらずに頑張ってみるのが、すなわち〝向上心〟。

仮に今ここで頑張れば、どういう結果が待っているか、たとえわかっていても、頑張っている瞬間はそれを意識しない、人にはそういう頑張り方ができるから、「もっと欲を持ちなさい」という励ましも成立するということなのである。

おそらく何の欲もなかったら、人は遊んで暮らすことを選ぶのだろう。何をするのであれ向上心という欲があるから働けるし、一生懸命になれる。でも、そこで〝結果〟を見てしまったら、野心の人になって、頑張りが評価されないケースも世の中にいっぱいある。

みんな同じ仕事をする会社では、それが野心なのかピュアな向上心なのか、同じように残業し、同じように早朝出勤して頑張っても、一体どちらの感情が心にあるのか、同僚や上司には見えてしまう。

ある意味ごまかせないものだからこそ、〝結果〟を忘れてやってみよう。あくまで結果は後からついてくる。ピュアならピュアなほど、ちゃんと正直な結果がついてくる。だからこそ、無欲に意欲を持って頑張る人の勝ちなのである。

依存症バンザイ

移り気な依存症は、いつの間にか人生を充実させる

女には〝もうどうしようもないもの〟として人に依存して生きていてこそ幸せになれると考えるDNAが組み込まれていると言われる。平和な家庭が築けるという、大昔の価値観が作ったDNAが。だから自分の中に依存症ぎみの傾向を見つけても、無理に抵抗しなくていい、との見方もあるほど。ただ、依存の仕方を間違えなければ……の条件付きだが。

たとえば、買い物依存症は、なにか買わずにいられない。しかもその店でいちばん高いものを買いたくなる。そうすることで心が満たされるならば、そうすればいい。でも問題はそのあと。買っただけで満足するのが依存症、買っただけで使わないから、すぐに心に穴が開き、また買い物のための買い物をしたくなる。

つまりひとつの物や行動に依存してしまうから、観覧車みたいに同じところをくるくる回るだけ。最後まで〝ささやかな幸せ〟さえ実感できずに、心を埋めては穴を開け、またその穴を埋めるという単純作業を中毒のように繰り返してしま

うのだ。

心に穴が開いていて、そこにスースー風が吹き込んでくる……女はたぶんそういう違和感に抵抗しながら生きる生き物なのだから、それが埋まるまでなにかに依存したくなるのは無理からぬこと。ならば、次から次へとその対象を意識して替えていくのはどうだろう。


あらゆる〝依存症〟は、意味のないこと、同じことを繰り返してしまうから〝症〟がついてしまうのであって、次々に依存するものを替えて、いちいち夢中になれば結果的に人生案外華やかになるだけで済むのじゃないか。どうせなら移り気な依存症になってしまえばいいのだ。

女の依存は、最終的に小さな幸せのためにある。だから依存グセは、その幸せを探す旅であると考えてしまえばいい。つまり、買い物がダメなら占い依存へ、占いがダメなら映画依存へ……というふうに。そこに答えがなければ、依存するものを無節操に替えていけばいいのである。少なくともそうすれば、人にあまり迷惑をかけずに済む。誰にもぶら下がらずに生きていける。しかもいつの間にか人生を充実させてしまう。それが正しい依存の仕方なのである。

短気

短気な人は、いつも〝三重〟の損をする

〝切れる〟という言葉の意味が、最近だんだん深刻なものになりつつある。〝切れる＝怒る〟ではなく、〝切れる＝刺す〟だったり、〝切れる＝傷つける〟だったりするからで、何だか時代の変化とともに、怒りの感情自体が人々の心の中で肥大化しているような気がしてならない。少なくとも怒りの沸点が以前より低くなっているのは確か。

それは食べもののせいだとか、土が少なくなったせいだとか、中にはホルモンの影響だとかいう見方もある。であるならば、自分の中の短気も今のうちに鎮静させる術を知っておかなくては。

怒りはそもそも、もっとも損な感情と言われる。なにがどう損なのか？　失うものが多く、得るものがない。結果、二重の損失を被ることになる最大の〝損気〟だが、失うものはエネルギー、得られないものは結果。〝なにくそ〟という、〝できない自分〟へのイラだちは、自分を奮いたたせることになるが、他人への

怒りは、なにも手につかないような妙な緊張状態に人を追いこむから生産性なし。

そして、怒りを爆発させたとしても、思うように事が運ぶわけではない。怒りは必ず宙に浮く。それでもし、なにかが思い通りになったとしても、たぶんとてもあと味が悪く、いっそそうなってくれなかったほうがよかったのに、とさえ思ってしまう。どっちにしろ良い結果は生まないのだ。

だいたいが、「怒鳴ったら胸がすっとした」とか言うけれど、あれは幻想。自分が発した怒りの亡霊にいつまでも悩まされることになるはずなのだ。怒りってそういうもの。

そして怒りには、あとからフツフツと湧いてくるタイプのものもあるが、じっくり練りあげるほど、怒りは的を外し、心を戒めず、鎮めもしない。やっぱりやめとけばよかったと思うのだ。どう怒っても、実りある怒りはないってこと。

切れると損、なにも叶《かな》わずに損、思い出してまた損、三重に損……今この時代の短気をおさめるには、それを繰り返し脳にたたきこむ以外にないのかもしれない。

死に方

そこまで考えて生きると、人生はうまく行く

あなたは、〝自分の死〟というものをイメージしてみたことがあるだろうか。天変地異に感染症、つい最近まで考えてもみなかったことが現実味を帯びた時、病気でも事故でもなく、自分がとても惨めに死んでいく可能性を否定できなかったはずである。

自分はまだ死にたくない、ぜったい生きのびてやると思う人、まあみんな死ぬんなら仕方がないと思う人。そして、愛する人と一緒ならばいいと思う人。ともかく苦しむことなく、眠るように死ねることだけが望みという人……。

さまざまだろうが、ここで死を仕方がないと思う人は〝人生にリセット願望をもつ人〟であり、みんな死ぬならいいやと思う人は、その自覚はないにしても、〝今の自分をあまり好きでない人〟であることが多いという。

どちらにしてもどう死にたいか？　は、自分が今どう生きているか？　なのだ。

「自分は、死ぬ時に心残りになることをこの世に残したくないから、子供はいら

ない。結婚もしない。とことんシンプルにその日その日を生きることに徹したい」。そう言った人がいた。それはそれで説得力をもつが、逆にこんな考え方をする人もいる。

「死ぬ時に、どれだけの人が心から悲しんでくれるか、それが生きてきた人生の〝点数〟になる。そう思うと、もっとやらなきゃならないこと、会わなきゃならない人が急に増えて、人生がきっとイキイキする、充実する」と。

日頃私たちは、〝死に方〟など考えずに生きているが、このあたりで一度自分はどう死にたいか？　をイメージしてみてもいいかもしれない。

そして最近こんな話を耳にした。「いつどこで死ぬかわからないから、自分はせめて毎日とびきりキレイな下着を着て出かけようと思う」。冗談かもしれないけれど、そういう〝生き方〟もまた美しい。生き方は、死に方をイメージした時、初めてちゃんと見えてくるものなのかもしれない。

日々がつまらない、生きがいが見当たらない、生きている張り合いもない、そう思った時こそ、本気で考えてみたい。自分の死に方を。

金銭感覚

お金を貴ぶケチは、人間を豊かに見せる

二十代の頃、誰が聞いてもわかる、大企業の社長令嬢とお友達になった。日頃は確かに、電車の切符も自分で買ったことがないような〝お嬢様〟に見える。ところが一緒に海外旅行に行って初めて〝日常〟を共にした時、いくつもの〝意外〟に出くわしたのだ。

まず当然、ブランド品の買いもののツアーになるのだろうと私も多少の見栄から、それなりの釣られ出費を覚悟で臨んだのに、彼女はブランドものには一切興味がなく、むしろノミの市などで安物をより安く買うことに、無上の喜びを感じる人だった。しかもタクシーより地下鉄で行きましょうよと言う。ランチもディナーも、少しでも安くておいしいところを見つけるまであきらめない。それは、自分と同じような〝ふつうのうちの子〟との旅行よりも、よほど渋く堅実な旅となっていた。

私はこの時初めて、まっとうな金銭感覚がいかに人を立派に見せるかを知った。

しかし、ギリギリのお金をまわしている時は、そういう立派さは残念ながらあまり出ない。あくまでゆとりがあるのに、躾としての節約を素直に全うしている女性が、独特な美しさを放つのだ。

それに、彼女は親からは援助を拒否されたアンティークの勉強をする長期留学のために、コツコツとお金を貯《た》めているらしかった。たぶん、目的ある節約も人を輝かせるのだろう。お金を使わないための節約か、何かをするための節約かで、まるで違う。性格的なものから来るケチは、人間を小さく見せるが、お金を貴ぶケチは、人間を逆に豊かに見せるのである。

その証拠に彼女は、他人に対するお金は惜しまない。同年代の女性同士としての常識の範囲内で、押しつけがましくない気前の良さを見せてくる。

自分に厳しく他人にやさしいお金づかい……それが人を内側から清潔に見せることを、私は奇《く》しくもお金持ちの令嬢から教わった。貧しい美しさもあるが、裕福な人の清潔感には、凄《すご》みさえ感じたものである。

遠慮美人

遠慮も邪魔な時代、それでも遠慮する人は〝いい人〟だ

京都では、人の家を訪ねた時、「あがっていかれたら?」と言われても、必ず遠慮しなければならない。それも、一度の遠慮じゃダメ。二度でもまだまだ。三度すすめられて、初めて「それじゃあ……」と、遠慮がちにあがりこまないといけない。でないと、なんとまあ、図々しいお方……と思われかねないとか?「あがっていったら?」も二度目までが〝社交辞令〟にすぎなくて、遠慮も二回目までは〝義務〟にすぎないとすると、何をどう信じていいのか……。

少なくともこの誇り高き古都には、〝遠慮〟を大前提とする人付き合いが今もそっくり生きていて、一般的な遠慮とは遠慮のレベルが違ってる。この頃は、不況のあおりで〝一見さんお断り〟の店も減りつつあるらしいが、京都の〝一見さんお断り〟も、別に意地悪なのではなく、歴史上、外から攻められることがあまりにも多かった都、相手の心が本当に読めるまでは〝家〟に招き入れるのは不安という想いがあるらしかった。

おそらくは三度遠慮すれば、さすがに〝敵〟ではないことがわかると同時に、気心も知れるというもの。〝遠慮〟の本場、京都では、〝誘い〟と〝遠慮〟を行き来させることが、お互いの心をスッキリ打ちとけさせる技なのかもしれない。

しかし今は確実に〝遠慮しない人〟が増えている。その絶対数が増えたからか、「妙に遠慮する人って、何かウソっぽくない？」なんていう会話も耳にする。エレベーターなどで「どうぞお先に」「いいえお先に」「まあ、そう言わずに」と譲り合い、アカの他人をいっぱい待たせながら、内輪で遠慮し合うような光景が少なくないが、こういうのはハタから見れば〝遠慮の腕ずもう〟みたいなもの。先に降りたほうの負け、自分の遠慮を勝たしたいとしか見えないのだ。どちらかがとっとと折れよう。

しかし、京都の遠慮に学ぶなら、〝遠慮する人〟はやっぱり〝いい人〟。時代がどんなに変わっても、そういう感覚だけは、理屈抜きに残っていく。数名でタクシーに乗る時、もしも目上も目下もない人同士だったら、その中でいちばん〝いい人〟が決まって〝運転席のとなり〟にひっそりと乗っている。そういう人を、いつも美しいな、と思うのである。

寄付

〝善意〟をことさらに〝善いこと〟と思わないこと

子供の頃、明らかに〝善いこと〟をするのは、〝ちょっとだけ悪いこと〟をするより、むしろ難しいと感じていた。自主的なおそうじなんかするより、授業をサボるほうがよほど簡単だったりした。なーに？　いい子ぶっちゃってと、周囲のヒンシュクを買うのは目に見えているし、〝カッコ悪い〟から。

人は大人になってからも、そのトラウマにしばられる。何か〝善いこと〟をしようとすると、それって〝偽善〟じゃない？　とカゲの声が囁《ささや》くのだ。そう、最近は何かとその声を聞くことが多いはず。

どちらにしても日本人は寄付ってものがヘタである。まず、寄付とはまったく意味が違うものの、一体どこでいくら出したらいいの？　とチップひとつに緊張する国民性だから。金額の決まっていないお金は、寄付であっても戸惑うのだ。

そして電車の中でお年寄りに席を譲るのでも、ひとり目立ったことをするのは

〝恥ずかしい〟と思う。日本人の恥の意識もそういう場面で足を引っぱるのだ。

でもいちばんの問題は慣れていないってこと。もっと日常の中に寄付とかチャリティの精神が組みこまれていて、ご飯を食べるのと同じレベルのものになっていれば、有事に戸惑わない。そして収入の何パーセントは寄付にまわそう、みたいな意識を日頃から持っていれば、寄付をする時〝それって偽善？〟と悪魔は囁かないのだ。

少し前には、ほぼ全財産を寄付して、その代わり自分の銅像を造ってほしいと言った富豪がいたことが大きなニュースになったが、そういう人がボンボン出てくれば、逆にそういうことがニュースにならず、〝銅像もいちいち建たなくなる〟のだろう。日本はよくよく〝善意〟の取りあつかいが不器用な国だなと思うのである。

ともかくここらあたりで、善意の行動に対しては、根本から意識を変えるべきなのかもしれない。善いことはもう〝ふつうのこと〟で、ことさらに〝善いこと〟と思わないほうがいい。そうすると善いことがもっとうまく、さらりとできる。善意は取り出して人に見せるものじゃなく、人の体の中に住んでいるべきものなのだから。

初恋

〝初恋の人〟に会えない人はなりたい自分になっていない

「あなたの初恋は？」。そう聞かれたら、あなたはスラスラ、自分の初恋を語れるだろうか？

まず、〝初恋の人〟をハッキリ思い浮かべられるのは、これまでの人生を比較的丁寧に生きてきた人。逆に何が初恋で、誰が初恋の人で、それがどんな想いだったか、今となってはわからないという人は、やっぱり生き方がちょっと乱暴だったというべきかもしれない。なぜなら初恋とは〝他人〟を初めて大切に思う心。しかも、大人になってもその感情を脳が覚えているのは、とてもピュアな気持ちだった証だからだ。

恋の記憶をひもとくのは、ちょうど水の中をのぞきこむのと同じ。もし水が透き通っていれば、中に泳ぐ魚もハッキリ見つけられる。同じように記憶全体が澄んでいれば、どんなに昔の記憶もちゃんと甦るはず。つまり、〝初恋〟の思い出がクリアに浮かんでこない人はその水に少々のよどみがあるということ。

いずれにしても〝初恋〟をとうとう語れない人は、たぶん心の中に本人しかわからない後ろめたさや悔恨やちょっとした空しさが詰まっているのだろう。

ところで、〝初恋〟を弁舌さわやかに語れた人は、その〝初恋〟の人ともしも会えるとしたら、会いに行くだろうか？　ここで「会いたい」という人は、たぶん今の自分にだいたい満足している人なのだろう。逆に「会いたくない」のは、なりたい自分になっていない、自分に自信がない証拠。

そもそも、元カレや、昔好きだった人には、無理しても嘘をついても、より良い自分を見せたいというのが女心だが、〝初恋〟はまた特別。まったくの片思いだったとしても、自分が考える〝理想的な自分〟が今ここにできあがっていなければ、〝初恋〟の人の目の前にはとても差し出せないというのが、本当のところだろう。

〝初恋〟の記憶は、ともかく長い間に浄化され濾過《ろか》されて今に至っている。自分自身もその美しい記憶に見合うだけのレベルに達していなければ、記憶に対し顔向けができないのだ。

かくして、〝初恋〟は忘れていた自分自身をいろいろ教えてくれる。〝初恋占い〟、自分さがしに一度やってみてはどうだろう。

幸せすぎの罪

他人の〝幸せすぎ〟ほど退屈なものはない？

女が女同士の関係において、いちばん注意しなきゃいけないのが、〝幸せすぎる時〟である。もちろん〝幸せ〟は素直に伝えればいい。でも〝幸せすぎること〟までは伝えないこと。その幸せに酔ったり、ハシャいだり、要は我を忘れて喜びを露《あら》わにしないことである。

〝幸せすぎ〟を許してくれるのは、一応親のみと考えておく。親しい友人でも、〝幸せすぎ〟は見せないのが礼儀。女同士の付き合いにおいてそれは「私の勝ち！」と言っているようなもので、どううまく伝えても躾のない人間にうつってしまう。〝幸せ〟はいつも〝比較〟の上に成り立つものだからである。

そして、友情は〝お互いの不幸〟の上でしか成り立たないなんて、いやらしい見方もあるくらい。

だから「私、とっても幸せ」と、誰かが言うと、他の女には「あなたより幸せ」と聞こえてしまう。誰かが幸せを報告すると、じゃあ私はどうなの？　とすぐ自分の幸せを問うてしまうのが、幸せになりたい人間の性。口に出して「私は幸せ」と言えるほどじゃないと、〝感じなくてもいい不幸〟を感じてしまうのだ。従って、幸せにハシャぐ女は、周囲を一瞬で凍りつかせることさえある。女は、うれしい時ほど冷静に、うわつかない工夫をすべきなんである。

言うまでもないが、女がいちばん幸せにハシャぐのは、やっぱり結婚が決まった時なのだろう。もちろんそこは素直に幸せを訴えるべきで、周囲も素直に祝福するだろう。でも、その話でさんざん盛り上がり、周囲の状況を考えずに、ずっと自分の幸せを訴え続けていれば、それは愚かな〝幸せすぎ〟となる。またいつもどちらかというと不機嫌な顔をした女が、急に満面の笑みで幸せを語り続けて止まらない……それはいまいましい〝ハシャぎすぎ〟となる。

〝他人の幸せほど退屈なものはない〟という古い言葉もあるけれど、〝幸せになるために生きている女たち〟にとって、他人の幸せはただ退屈なだけじゃない。時に不安や焦りさえもたらすこともあるのを忘れちゃいけないのだ。

何しろ〝幸せかどうか〟は比較の上でしか判断できないのだから。〝あふれる幸せ〟のあふれた分は、自分の胸の中でかみしめるもの、他人に〝見て見て〟と強要してはいけないのである。

本当の自信

自信のある人ほど、おとなしい。自信なさげに見えるほど

これは「みんなで、おとなしくなりましょう」という話ではまったくない。だいたいが、本来はおとなしくないのに、おとなしく見せようとする〝女の打算〟はけっこう物悲しい。しかし、世の中をあらためてよく見てみると、物静かな人ほど結果として大きく見えたりするのは確か。

昔は明らかに、おとなしさが〝自信のなさ〟に見えていた。まして学校という疑似社会では、もっと単純におとなしさは〝デキなさ〟にも見えていた。でも、今は違う。特に今の女性たちはみんなそこそこ自信がある。が、根拠なき自信の場合も多くて、根拠がないだけにその自信を正当化しようと無意識に力が入ってしまう時代。だからなのか、本当の意味で自信のある人間は、むしろ物静かに見えるのだ。

いや、〝自信〟というものは本来、人を冷静沈着に、穏やかで優しくするための感情なのだろう。自信があれば、出しゃばることもない。人と争う必要もなけ

れば、他人を否定する必要もない。だから、本当の自信を持つと、人はむしろおとなしく見える。うっかりすると自信なさげにまで見えるほどに。

　でも誤解しないでほしいのは、自信のある人のおとなしさは、ただ押し黙っているおとなしさとは全く違うということ。社交的でにこやかでよくおしゃべりもする。それでも〝おとなしい人〟にうつるのは、要求されるまで能力をしまっておける、からなのだ。いくらしゃべっても自信がほとばしらない人が、今正しい。

本書は、二〇〇六年九月、講談社より刊行された
『365日で変わる本　あなたには〝躾〟があるか?』を
文庫化にあたり『一日一ページ読めば、生き方が変わる
だから〝躾のある人〟は美しい』と改題し、再編集しました。

初出「FRaU」一九九六年十二月二十日号
〜二〇〇六年十一月二十日号

集英社文庫 目録（日本文学）

西條奈加 心《うら》淋《さび》し川《がわ》
齋藤薫 大人の女よ！ 清潔感を纏いなさい
齋藤薫 一日一ページ読めば、生き方が変わる だから"躾《しつけ》のある人"は美しい
斎藤栄 殺意の時刻表
斎藤茂太 イチローを育てた鈴木家の謎
斎藤茂太 骨は自分で拾えない
斎藤茂太 人の心を動かす「ことば」の極意
斎藤茂太 「ゆっくり力」で すべてがうまくいく
斎藤茂太 「捨てる力」がストレスに勝つ
斎藤茂太 「心の掃除」の上手い人 下手な人
斎藤茂太 人生がラクになる 心の「立ち直り」術
斎藤茂太 人間関係でヘコみそうな 時の処方箋
斎藤茂太 人の心をギュッとつかむ 話し方81のルール
斎藤茂太 すべてを投げ出したく なったら読む本
斎藤茂太 「断わる力」を身につける！
斎藤茂太 先のばしぐせを 直すにはコツがある
斎藤茂太 落ち込まない 悩まない 気持ちの切りかえ術
斎藤茂太 そんなに自分を叱りなさんな 心のモヤモヤ退治法99
齋藤孝 数学力は国語力
齋藤孝 親子で伸ばす「言葉の力」
齋藤孝 文系のための理系読書術
齋藤孝 人生は「動詞」で変わる
齋藤孝 10歳若返る会話術
斉藤光政 戦後最大の偽書事件「東日流《つがる》外三郡誌」
早乙女貢 会津士魂一 会津藩 京へ
早乙女貢 会津士魂二 京都騒乱
早乙女貢 会津士魂三 鳥羽伏見の戦い
早乙女貢 会津士魂四 慶喜脱出
早乙女貢 会津士魂五 江戸開城
早乙女貢 会津士魂六 炎の彰義隊
早乙女貢 会津士魂七 会津を救え
早乙女貢 会津士魂八 風雲北へ
早乙女貢 会津士魂九 二本松少年隊
早乙女貢 会津士魂十 越後の戦火
早乙女貢 会津士魂十一 北越戦争
早乙女貢 会津士魂十二 白虎隊の悲歌
早乙女貢 会津士魂十三 鶴ヶ城落つ
早乙女貢 続会津士魂一 艦隊蝦夷へ
早乙女貢 続会津士魂二 幻の共和国
早乙女貢 続会津士魂三 斗南への道
早乙女貢 続会津士魂四 不毛の大地
早乙女貢 続会津士魂五 開牧に賭ける
早乙女貢 続会津士魂六 反逆への序曲
早乙女貢 続会津士魂七 会津抜刀隊
早乙女貢 続会津士魂八 甦る山河
早乙女貢 わが師山本周五郎
早乙女貢 竜馬を斬った男
早乙女貢 奇兵隊の叛乱

集英社文庫　目録（日本文学）

酒井順子　トイレは小説より奇なり
酒井順子　モノ欲しい女
酒井順子　世渡り作法術
酒井順子　自意識過剰！
酒井順子　おばさん未満
酒井順子　紫式部の欲望
酒井順子　この年齢《とし》だった！
酒井順子　泡沫日記
酒井順子　中年だって生きている
酒井順子　男尊女子
酒井順子　家族終了
坂口安吾　堕落論
坂口恭平　TOKYO一坪遺産
さかはらあつし　ピーナッツ一粒ですべてを変える
坂村健　痛快！コンピュータ学
坂本敏夫　囚人服のメロスたち　関東大震災と二十四時間の解放

佐川光晴　おれのおばさん
佐川光晴　おれたちの青空
佐川光晴　あたらしい家族
佐川光晴　おれたちの約束
佐川光晴　大きくなる日
佐川光晴　おれたちの故郷
櫻いいよ　猫だけがその恋を知っている(かもしれない)
さくらももこ　ももこのいきもの図鑑
さくらももこ　もものかんづめ
さくらももこ　さるのこしかけ
さくらももこ　たいのおかしら
さくらももこ　まるむし帳
さくらももこ　あのころ
さくらももこ　まる子だった
さくらももこ　ももこの話
さくらももこ　さくら日和

さくらももこ　ももこのよりぬき絵日記①〜④
さくらももこ　ひとりずもう
さくらももこ　おんぶにだっこ
さくらももこ　焼きそばうえだ
さくらももこ　ももこの世界あっちこっちめぐり
さくらももこ　のほほん絵日記
さくらももこ　ももこのまんねん日記
桜井進　夢中になる！江戸の数学
櫻井よしこ　世の中意外に科学的
桜木紫乃　ホテルローヤル
桜木紫乃　裸の華
桜木紫乃　家族じまい
桜沢エリカ　女を磨く大人の恋愛ゼミナール
桜庭一樹　ばらばら死体の夜
桜庭一樹　ファミリーポートレイト
桜庭一樹　じごくゆきっ

集英社文庫

一日一《いちにちいち》ページ読《よ》めば、生《い》き方《かた》が変《か》わる
だから“躾《しつけ》のある人《ひと》”は美《うつく》しい

2023年5月25日　第1刷
2024年3月13日　第2刷

定価はカバーに表示してあります。

著　者　齋藤《さいとう》　薫《かおる》

発行者　樋口尚也

発行所　株式会社　集英社
東京都千代田区一ツ橋2-5-10　〒101-8050
電話　【編集部】03-3230-6095
【読者係】03-3230-6080
【販売部】03-3230-6393(書店専用)

印　刷　大日本印刷株式会社

製　本　ナショナル製本協同組合

フォーマットデザイン　アリヤマデザインストア　　マークデザイン　居山浩二

ISBN978-4-08-744528-2 C0195